BEWUSSTSEINS®
AKADEMIE

W0239378

Kristina Hazler

Der Mensch und seine Heilung
Das göttliche Puzzle

Der Mensch und seine Heilung

Das göttliche Puzzle

Kristina Hazler

2. Auflage

© 2013 BewusstseinsAkademie, Wien

Alle Rechte vorbehalten.

Lektorat: BewusstseinsAkademie, Wien

Umschlaggestaltung: © BewusstseinsAkademie, Wien

Umschlagmotiv: © Designus/shutterstock

Printed in Germany by Amazon Distribution GmbH

ISBN: 978-1-492752-33-2

www.BewusstseinsAkademie.com

Das SelbstErkennen während

des Lesens dieses Buches ist nicht

zufällig, sondern möglich.

Nimm dir Urlaub von der Welt.

Erlaube dir von einem Tag zum anderen zu leben.
Erlaube dir in der Früh aufzuwachen und zu schauen,
zu erfahren, kennen zu lernen,
was in dem Moment dein Bedürfnis, dein Wille,
dein Wunsch, dein Beweggrund ist.

Plane nicht.

Schau nicht was richtig und falsch ist,
was sich gehört und was nicht.
Sei einfach mit dir selbst,
so wie du in diesem Moment bist,
von Augenblick zu Augenblick.
Steige aus deinen Vorstellungen,
wie was sein muss und soll, aus.

Fühle, höre, nimm wahr, werde dir bewusst.

– Kristina Hazler –

Inhalt

DAS KANN DOCH NICHT WAHR SEIN!

Wir[1] leben in einer Zeit, in der solche Worte wie Wellness, Wohlbefinden, Gesundheit, Heilung, Entspannung, Energie, Fitness ... modern, „in" geworden sind. Kaum eine Zeitung, eine Zeitschrift, ein Fernseh- oder Radiosender, wo diese „Themen" nicht behandelt werden. Werbeeinheiten versprechen Hoffnung auf bessere Tage, auf unbesorgte, harmonische Stunden. Schon nach kürzester Zeit, wenn man dies und das tut, besucht, anwendet, einschmiert, isst usw., soll sich ein erleichterndes Glücksgefühl und mollige Zufriedenheit in unserem Leben einstellen.

Auf der anderen Seite berichten die gleichen Quellen tagtäglich über Angst und furchterregende Ereignisse, Krisen, Schmerz, immer neue – nicht zu durchschauende – Krankheiten, sogar Epidemien, denen ein normaler, nicht „eingeweihter" Mensch ohnmächtig gegenübersteht. Vor verschiedenen neuen Grippearten ist auch kein noch so verstecktes, nettes, verschlafenes Dorf sicher. Überall scheinen Gefahren zu lauern. Was ist also

---

1 Wenn ich in „Wir"-Form schreibe, verstehe ich darunter wir Menschen, nicht wir – die Menschheit. Es ist nicht meine Absicht, uns alle in einen Topf zu werfen, da ich persönlich von der Individualität jedes Einzelnen überzeugt bin. Wenn ich jedoch die Form „wir" benutze, verstehe ich darunter „uns", die ähnliche Erfahrungen gemacht haben oder ähnlich sehen, fühlen, wahrnehmen.

zu tun? Sich in den eigenen vier Wänden einbunkern, nicht mehr rausgehen? Nur vor dem Fernseher sitzen, mittels Internet und Telefon mit dem Rest der Welt verbunden zu sein, sich jegliche „Herzenswünsche" vor die Tür liefern lassen? Raus in die „gefährliche" Natur oder lieber in eine sichere, angesagte Wellnessoase, die es zu wissen scheint, was so ein heutiger Mensch zu seiner Entspannung und zum Genießen braucht? Ausgebildete Spezialisten nehmen unser Leben, unseren Körper in ihre Hände und wir hoffen, sie wissen besser, was man braucht. Nur eine kurze oder längere Anreise durch die lauernden Gefahren – am besten mit einer guten Reiseversicherung – dann kann nichts mehr schief gehen! Nachdem man den eigenen Körper durch die Einfahrt des Wellnessressorts kutschiert hat, kann man sich endlich entspannen. Alles wird einem von den Augen abgelesen, für ihn möglicherweise sogar gefühlt, gedacht. Ist die Anfahrt doch zu riskant? Soll man also lieber zu – von Konsumentenschutz oder einem anderen Schutz – seriös geprüften und durchleuchteten Artikeln greifen? Wie gut, dass fast jeder Haushalt heutzutage einen Zugang zum Internet hat! Hat man die richtige, aufklärende Sendung am Bildschirm verpasst und gibt auch die Zeitung nur oberflächliche, missverständliche Töne von sich, kann man doch im Internet stundenlang suchen und wühlen. Sicher gibt es zu jedem Thema zig vertrauenswürdige Seiten, die es genau zu wissen meinen. Nur, einerseits wird das Wundermittel, das Wässerchen hochgepriesen, anderseits scheint eine andere „Page" lieber auf andere Essenzen und Drogen, sowie Neumischungen zu setzen. Täglich werden aus unserer Tier- und Pflanzenwelt, wie auch im Chemielabor neue, wunderwirkende Stoffe isoliert. Sie bekommen neue Namen, die uns dann aus den Verpackungen und Tiegeln vielversprechend anlächeln. Nicht einmal ein stinknormales Joghurt ist mehr das, was es einmal war. Es kann heute viel mehr. Es ist aktiv, vital, trägt die verschiedensten, speziell gezüchteten Kulturen in sich, welche die Darmflora, den Teint, das Gemüt aufpeppen sollen. Testen sie ruhig vierzehn Tage lang ein Aktivgetränk, wenn es bei ihnen nicht klappt und sie mit ihrem Spiegelbild noch immer nicht zufrieden sind. Wenn der Magen noch immer knurrt und der aufgeblähte Bauch über die modern geschnittene Hose drüber hängt, bekommen sie garantiert ihr Geld zurück. Und was dann? Probieren sie doch einen anderen Drink und dann noch einen weiteren? Oder überlassen sie lieber das Wissen und sich Auskennen einem Spezialisten[2], der diese Dinge längst durchschaut hat, der genau weiß, um was es geht? Er ist der Studierte und Fundierte, er soll doch für jeden, auch noch so krummen Fuß, den passenden Schuh finden – der Spezialist – er wird doch dafür königlich bezahlt. Ob es der Arzt, der Therapeut, der Coach, Berater, Trainer, Heiler ist – es findet sich sicher einer[3], der es für sie besser, wenn nicht ganz genau weiß, was sie brauchen. Sie können auch selbst einen Kurs, einen

---

2 Um den Text fließen zu lassen, verzichte ich in diesem Buch auf die korrekte Genderform, wie SpezialistIn, ÄrztIn, TherapeutIn, BeraterIn etc.

3 Wenn ich die männliche Form, wie z.B. in diesem Fall „einer“ benutze, meine ich nicht den Mann, sondern den Menschen. In meinen Werken, wenn ich nicht gerade ein spezielles Frau/Mann-Thema anspreche, beziehe ich mich immer auf den Menschen, egal ob Mann oder Frau.

Workshop, ein Seminar besuchen und sich selbst das streng gehütete Geheimnis und den Weit(Durch)blick aneignen. Möglicherweise sind sie dann ein Meister und verstehen es besser im Netz[4] zu suchen und durchleuchten alle Tricks. Sie verstehen die Verpackungs- und Beipackzettel, können selbst das optimale Aroma oder den Klang für sich und Freunde wählen und wenn sie bereit waren/sind (genug Zeit und Geld investieren), dann könn(t)en sie sogar selbst ein wenig Geld mit der Beratung von anderen verdienen – ein neuerworbenes Zertifikat, ein Diplom, eine Urkunde bescheinigt es ihnen.

Nichts ist wie früher. Alles steht Kopf. Ein Telefon kann heute fotografieren, Radio- und Fernsehsignale empfangen, ein Fotoapparat kann filmen, mit einer Videokamera kann man im Internet surfen, ein klassisches Buch kann man downloaden und am Bildschirm lesen. Eine Badewanne kann auch gleich massieren, während das Auto die Route selbst findet, die Radarfallen ortet, an der Kreuzung die Entscheidung, in welche Richtung es gehen soll, vornimmt, während man selbst – hoffentlich als Beifahrer – nicht in die langweilige Gegend schauen muss, sondern die neuesten Videoclips und Filme an dem in der Fahrgastzelle integrierten Bildschirm anschauen oder ein interaktives Game

4 Netz ist hier als ein breiterer Begriff gemeint. Außer dem Internet kennt die alternative und spirituelle Szene genauso andere (außersinnliche) Netze, in denen eine andere Art der Kommunikation möglich ist. Ob es das Massenbewusstsein ist, irgendwelche Gitternetze, das Universum oder das Göttliche.

mit einem neuen multimedialen Mobiltelefon spielen kann. Den Ersatzreifen können sie noch immer im Kofferraum, aber genauso auch im Handschuhfach aufbewahren. Er ist nicht rund, sondern in der Dose oder in einer Plastiktüte verpackt. Er lässt sich einsprühen oder aufblasen, was ihnen lieber ist. Und auf was sollen sie beim Autokauf achten? Auf die Sicherheit und den Komfort? Die Pferdestärke? Die Marke? Den Verbrauch? Oder auf den CO_2-Ausstoß? Sie wollen ihre Kinder ankleiden? Mit Markenware? Haben sie schon gehört – die gefälschten Artikel sind von den echten nur für Profiaugen zu unterscheiden. Tut es ihnen weh, nicht zu wissen, ob sie das teuere Geld für ein echtes oder unechtes Stück ausgegeben haben? Wie gesagt, sie ist nicht einfach diese Welt heute. Kein Wunder, wenn einer ab und zu – oder immer wieder – Kopf- oder Bauchweh bekommt. Die Fülle an Informationen, die wir an einem Tag in einer Stunde bearbeiten, analysieren, einordnen müssen, gleicht einem ganzen Leben unserer Vorfahren. Man fühlt sich oft deprimiert, niedergeschlagen, matt, ausgebrannt, verwirrt, weiß nicht mehr wo einem der Kopf steht, ob das Herz überhaupt noch schlägt, ob die Füße einem noch gehorchen. Der Nacken ist steif, der Rücken schmerzt, die Beine zucken, die Gedanken wollen nicht stillstehen. Macht nichts! In den Medien, Broschüren finden sie eine Erklärung. Sie heißt Burn-out, Restless Legs, Depression oder irgendein anderes Syndrom. Für alles gibt es eine Pille oder wenn sie Glück haben einen Arzt, der schon upgedatet ist. Gehen sie, lassen sie sich verschreiben, lassen sie sich verordnen, überweisen, anweisen … Eine Kur, eine Operation, Bestrahlung, Akupunktur, Reflextherapie, Shiatsu, TCM, Aroma, ätherische Öle, Energiebalancing und, und, und … Sie gehen und lassen es mit sich machen, weil sie glauben, dass sie ein Leben leben, das nicht in ihrer, sondern jemandes anderer Hand besser aufgehoben ist?

Glauben sie, dass jemand Fremder ein größerer Profi auf ihrem Gebiet, in ihrem Körper, ihrem Geist, ihrer Seele sein kann als sie selbst? Glauben sie wirklich, dass sie sich ein Leben ausgesucht haben, in dem andere für sie besser Bescheid wissen? Glauben sie wirklich, dass sie sich in ein Leben hineingeboren haben, in dem sie kein Mitspracherecht, kein Handlungsrecht haben? In dem sie dazu verurteilt sind, ausgeliefert, in Ohmacht zuzuschauen, wie sich alles um sie bewegt und immer schneller dreht? Oder sind sie auch, wie ich eines Tages, an dem Punkt angekommen, wo es aus ihrem tiefsten Inneren ruft: „Das kann doch nicht wahr sein! Das kann doch nur ein Traum sein!“. Ein Punkt, an dem sie ein Bedürfnis verspüren, ihr Leben in eigene Hände zu nehmen, für sich selbst zu entscheiden, für sich selbst zu wissen, sich zu erlauben, den Willen für sich zu übernehmen.

Meinem Mann habe ich einmal gesagt: „**Gib dir eine Chance.** Gib dir zwei Wochen, vergiss für diese zwei Wochen alles – die Rechnungen, die Sorgen, die Pflichten, das Internet, den Fernseher, die Uhr, die Bücher. **Nimm dir** zwei Wochen **Urlaub von der Welt. Erlaube dir von einem Tag zum anderen**

zu leben. Erlaube dir in der Früh aufzuwachen und zu sehen, zu erfahren, kennen zu lernen, was in dem Moment dein Bedürfnis, dein Wille, dein Wunsch, dein Beweggrund ist. Plane nicht. Schau nicht, was richtig und falsch ist, was sich gehört und was nicht. Sei einfach mit dir selbst – so wie du in diesem Moment bist, von Augenblick zu Augenblick. Steige für zwei Wochen **aus deinen Vorstellungen, wie was sein muss und soll, aus. Fühle, höre, nimm wahr, werde dir bewusst.**“ Und er hat es getan und es hat alles verändert.

Das es nicht so einfach ist, zwei Wochen alleine mit sich selbst, ohne Ablenkungen, ohne Fremdbeschäftigungen, ohne Eile, ohne „Muss“ und „Soll“ zu bleiben, ist wohl jedem klar. Zuerst geht vielen die Puste aus. Bei so einigen verstärken sich der Druck und die Krankheitssymptome, genauso wie an manchen Wochenenden oder im Urlaub, wo man plötzlich mit sich nichts anfangen kann, sich in Erwartungsdruck stürzt und sich auf eine schnelle Erholung, Entspannung, Erleichterung, Freude und das Glück bereit macht. Kein Wunder! Meinen eigenen Erfahrungen nach beginnen sich in Augenblicken, wenn sich der Körper, der Geist entspannt, als erstes die Verspannungen und Blockaden zu melden, für die man in dem gestressten Alltag keine Zeit gehabt hat. Genau solche, die man sich unbewusst „eingerichtet hat“, um in dem schnelllebigen System bestehen und überleben zu können. Solche, die eigene Unlust, eigene Wünsche und Sehnsüchte unterdrücken, im Zaun halten. Wie soll man wissen, was man will, was einem sein Herzenswunsch ist, wenn man diese längst unter den Teppich gekehrt, in die tiefste Schublade eingesperrt hat und mit medialen oder anderen allgemein anerkannten Suggestionen ersetzt hat? Ich bin genauso ein Mensch, der von Pontius zu Pilatus gelaufen ist. Einen großen Teil der Kindheit wurde ich auf Penicillin und Hustensaft gesetzt. Im späteren Berufsleben half ich meinem geschwächten Immunsystem mit Schmerzmitteln und vitalisierenden Präparaten, um sich von Montag bis Freitag richtig zu tunen, um dann den Samstag und Sonntag möglichst schmerzfrei durchzustehen. Als Schülerin oder Angestellte konnte ich mir noch ab und zu in Form von Ferien, Urlaub oder Krankenständen eine Pause, eine Auszeit gönnen. Später als eine Unternehmerin im „harten" Business, im „just in time"-Geschäft mit mehreren eigenen Firmen am Hals, konnte ich mir diesen Luxus nicht mehr leisten. Egal ob Grippe, Migräne, Fieber oder lähmender Schmerz – ich „musste" immer funktionieren, Montag bis Montag. Einen Vorteil hatte es doch! Der Samstag und Sonntag fiel aus, ich musste nicht Unterhaltung und Entspannung erwarten. Einen Teil des Lebens verbrachte ich als vernünftige, rationell denkende, moderne Frau, die Heilung und Erleichterung in einer optimalen allopathischen Medikation suchte. Ich lernte meine Symptome, mein offizielles Krankheitsbild kennen. Ich ging zum Arzt, ließ mir die bewährten Mittel wieder vorschreiben und war für ein paar Monate abgedeckt. Irgendwann wirkten sie plötzlich aber nicht mehr! Neue Untersuchungen brachten kein Licht ins Bild. Die Ärzte schüttelten den Kopf, zuckten mit den Schultern – eigentlich sollte alles in Ordnung sein. So landete ich, wie viele vor mir und nach mir auch, bei der Psychologie,

Homöopathie, Akupunktur usw., bis ich den Großteil der alternativen Szene durchforstete. Jedes Mal aufs Neue, von einer Methode und Technik zur anderen, immer in Hoffnung, endlich jemanden zu finden, der mir sagt, was mit mir nicht stimmt, was mit mir los ist. Was mein Ding ist und was ich tun soll. Es gab Tage, an denen ich mich aus physischem und seelischem Schmerz an jeden Strohhalm klammerte, das letzte Geld für ein neues Wundermittel, eine vielversprechende Therapie, einen einleuchtenden Kurs ausgab. Ich turnte zuerst drei bis vier Mal die Woche fleißig an Kräftigungsgeräten im Fitnesscenter, dann lernte ich meine Reflexzonen optimal zu massieren und „richtig" zu atmen. Später lernte ich mit frischer Energie meinen Körper zu füllen und die verbrauchten Energien abfließen zu lassen. Ich sprühte spirituelle Essenzen in mein Aurafeld, trank rechtsdrehendes Wasser, stattete meine Wohnung mit Kristallen und anderen „Energetisatoren" aus. Ich zog aufs Land, reduzierte den Elektrosmog in meinem Haus, richtete alles nach Feng Shui aus. Später versuchte ich mich mit dem Goldenen Schnitt, meditierte täglich, absolvierte fleißig Energieübungen, machte Ausflüge in andere Dimensionen. Jeden Morgen trank ich frisch gepressten Obstsaft und kaufte meistens Biolebensmittel ein. Ich fastete, badete im heilenden Salzwasser, tropfte blockaden- und musterlösende Elixiere in meinen Mund, hörte Musik und Botschaften aus dem unsichtbaren, „himmlischen" Reich. Ich ließ mich zurückführen, begegnete mir in meinem früheren Leben, glaubte an der Schwelle zwischen Tod und Licht zu stehen … Und immer wieder die ähnliche Wirkung. Mit jeder Neuentdeckung linderten sich die Beschwerden oder verschwanden für eine Weile, um einige Zeit später wieder aufzutauchen, als wollten sie mir mitteilen: „Das war nicht das richtige Mittel, der richtige Weg, die optimale Therapie für dich!"

Nachdem ich aus dem „Weltlichen" ausgestiegen war und mich gänzlich in die „Alternative" begab, um dort die Lösung meiner Probleme und die „Wahrheit" über mich und vielleicht Gott und die Welt zu finden, nachdem ich mich durch vieles durchgelesen hatte, nachdem ich viele Schulungen absolvierte, nachdem ich selbst zum Berater, Therapeut und Lehrer geworden war, stand ich wieder am Anfang, mit vielem neuem, altem und „mystischem", bzw. „geheimem" Wissen da. Vieles hatte ich durchleuchtet, erkannt, angewendet, gefühlt, gespürt, wahrgenommen, erlebt, aber manche der hartnäckigen, der kommunizierenden Beschwerden waren noch immer da. „Das kann doch nicht war sein!" rief ich aus meinem tiefsten Herzen heraus. Ich habe doch alles getan! Ich habe mich gesund ernährt, auf meinen Körper geachtet, dem Materiellen entsagt, anderen Hilfe geleistet, mein Wissen mit anderen geteilt, mich nach den energetischen und göttlichen Prinzipien gerichtet, alles befolgt, was ich als die „höhere" Lehre lernte, und? Was noch? Wieso reicht es nicht? Was soll ich noch tun? Der Geldbeutel war leer, die Kurse bis zu der höchsten Einweihungsstufe absolviert. Ich kannte niemanden mehr, den ich aufgrund meiner Entwicklung und Erfahrung noch ansprechen wollte, auf den ich noch hoffte, dass er mehr und Besseres für mich weiß. Ich stand da, scheinbar alleine, auf mich selbst gestellt. Ich musste, konnte und wollte mein Leben – menschlich gesehen – wieder in die eigenen Hände nehmen. Und da regte sich etwas! Meine Beschwerden standen plötzlich vor mir und begannen eine Sprache mit mir zu sprechen, die ich auf einmal verstand. Sie lehrten mich zuzuhören und langsam, ganz langsam einen Fuß vor den anderen zu setzen. Ich begegnete mir! Ich begann mich auf einer neuen Ebene zu erfahren, kennen zu lernen. Auf einmal war ich ICH, so wie ich war, in jedem Augenblick optimal, perfekt, vollkommen. Nein, nein! … Nicht immer glücklich, nicht immer lachend, aber immer im Vertrauen, dass in jedem Moment gerade das Optimale für mich geschieht. Krankheit und Schmerz lösten sich nach und nach aus meinem Leben. Nicht dass ich kein Fieber und Kopfweh mehr hatte. Nein! Sondern, weil ich den Druck in mir, das Stechen und Ziehen, das Hitzen und Frieren, das Jucken und Zucken, die Trauer, Momente von Hoffnungs- und Ausweglosigkeit als Kommunikationsinstrumente zu schätzen und zu verstehen lernte. Sobald ich meine Aufmerksamkeit, mein Bewusstsein in die richtige Richtung wandte, musste der „Schmerz" nicht so laut werden und sobald ich ihn erkannte, brauchte er mich nicht mehr länger „quälen", meine Aufmerksamkeit fordern, und verschwand fast augenblicklich im Moment der Einsicht.

Nein, ich bin kein Einsiedler geworden. Ich benutze Computer, schaue fern, surfe im Internet, kaufe schöne Kleider, esse, was mir schmeckt. Ich lebe nicht in einer Welt von gestern oder einer goldenen, erleuchteten Zeit von morgen. Ich lebe jetzt – so, wie ich gerade bin, erfahre mich, die Welt und das Leben, beständig.

Die Flut

Eines Nachts, in der Zeit, wo ich mich fleißig in der Meditation übte und schon fast gänzlich aus der Geschäftswelt ausgestiegen war, um eines Tages etwas Sinnvolleres zu tun als noch mehr „Gas zu geben", um den Gewinn des Vorjahres wieder zu übertreffen, hatte ich einen eigentümlichen Traum:

> *„Ich befand mich in einem Haus meiner Träume. Weitläufig, hell, offen, klar strukturiert. Glas und Edelstahl waren neben dem weißen Mauerwerk die Hauptmaterialien, welche die luftige Atmosphäre unterstrichen. Spärlich möbliert, als wäre man erst kürzlich eingezogen, erstreckte sich das Gebäude über drei Stockwerke, wobei es kaum Türen hatte. Alles war offen, man konnte von überall mit überall (allem) kommunizieren. Die Sonne schien durch die großen Glasflächen in einem angenehmen Winkel ohne zu blenden hinein und erhellte noch mehr die Räumlichkeiten. Ich fühlte mich frei und doch geborgen, durch die Wärme der Sonnenstrahlen angenehm durchflutet. Und dann geschah es! Ich stand im Erdgeschoß, mitten im Wohnzimmer und plötzlich füllte sich der ganze Boden mit schmutzigem Wasser und Schlamm. Es floss unter den Eingangstüren rein, es stieg zwischen den marmorierten Fliesen, aus den Fugen hoch. Ich konnte es nicht glauben! Der gesamte Boden war nicht mehr weiß, sondern dunkelgrau, matschig. Ich*

stand schon bis zu den Knöcheln in diesem Gebräu. Und es stieg und stieg, wurde immer höher – unglaublich schnell füllte sich der gesamte Raum, sogar das komplette Erdgeschoß mit diesem ekeligen Ding. Dann schaute ich endlich aus dem Fenster und sah es! Die ganze Straße war voll von dem. Ich stand wie vor einem Aquarium, hinter dem Glas, unberührt von dem Geschehen. Noch! Die Schlammmasse auf der Straße war schon fast einen Meter hoch. Wie eine gewaltige Welle zwängte sich dieses Ungeheuer durch die Gassen, schob alles vor sich her oder begrub alles unter sich. Nichts hielt dieser Masse stand. Gebäude fielen wie Kartenhäuser in sich zusammen oder wurden einfach bis zum Dach, in jeder Ecke, in jeder Fuge, mit dem Matsch ausgefüllt. Erschrocken lief ich zu den Stiegen, um mich im nächsten oberen Stockwerk in Sicherheit zu bringen. Das Zeug war so klebrig und zäh, dass ich mich kaum von der Stelle bewegen konnte. Es erzeugte ein Vakuum, einen Saugeffekt. Meine Füße waren wie in Zeitlupe kaum fähig, sich von dem Boden zu lösen. Nur noch eine kurze Zeit im Schock unbeweglich bleiben und ich wäre dort für ewig einbetoniert, mumifiziert. Endlich gelang es mir auf die höheren Stufen der Stiege zu steigen, dort, wo die Welt noch heil und in Ordnung war. Alles war weiß und glänzte in der Sonne. Ich war nur diejenige, die mit dem eigenen Stress und der Panik, sowie mit den schlammigen Spuren, die ich hinterließ, störte. Es war mir egal. Nur sich schnell in Sicherheit bringen. Im oberen Stockwerk konnte ich endlich in Ruhe aus dem Fenster schauen. Der

Schlamm im Untergeschoß war bereits kniehoch, ich musste die Lage auf der Straße begutachten. Wie hoch wird es noch steigen? Es machte den Anschein, dass sich der Schlamm in den unteren Räumen mit dem Straßenniveau ausgleicht. Der Blick auf die Straße war nicht besonders beruhigend. Weit hinten sah ich Berge, hohe dunkle Berge, die sich in enge Gassen und Straßen zwängten, wie ein Tsunami, nur sehr langsam, bedächtig, dafür aber präzise. Nichts konnte dem Druck widerstehen. Weit vorne, wo die Straßen noch einigermaßen begehbar waren, rannten die Menschen um ihr Leben. Sie stolperten, fielen übereinander, richteten sich hastig wieder auf und liefen und liefen … aber wohin? Ich sah die Unmöglichkeit ihrer Hoffnung, von der Katastrophe zu fliehen, sich zu retten. Früher oder später wird sie die Flut auch erreichen. Während ich das Szenario beobachtete, stieg die Masse vor meinem Fenster bis zu der Ebene des ersten Stockwerkes. Der Druck der Masse begann, wie schon unten, den Schlamm durch die Fensterfugen zu quetschen. Ein Blick nach unten reichte, um zu sehen, dass das untere Geschoß schon gänzlich verschwand, so als hätte jemand mit einem frischen Beton die Ebene ausgefüllt. Vor dem Fenster ging der Kampf ums Überleben weiter. Einige Menschen kletterten mit letzter Kraft auf die Dächer ihrer Häuser und warteten auf eine Rettung, von wo diese aber kommen sollte, wusste niemand. Der einzige Weg, der noch frei blieb, war der Himmel. Nur von dort konnte die Rettung kommen. Hubschrauber? Wusste überhaupt jemand außerhalb unserer Stadt, was bei uns los war? Oder hat es sogar die ganze Welt erfasst? Die Masse stieg und stieg. Die Menschen auf den niedrigeren Häusern wurden schon von ihren Dächern gerissen. Sie versuchten zu schwimmen, die Masse trieb sie einige Zeit auf der Oberfläche vor sich her, aber umso mehr sie sich zu bewegen versuchten, umso tiefer sanken sie. Nur diejenigen, die offensichtlich aufgegeben hatten, konnten irgendwie ihren Kopf auf der Oberfläche frei halten. Unfreiwillig surften sie mit ihrem Körper auf dem Wellenkamm des Schlammes.

Ich konnte meine Augen von diesem entsetzlichen Geschehen vor meinem Haus nicht abwenden. Das dunkle Phänomen reichte von außen schon in die Hälfte der Fenster und ich versuchte abzuschätzen, wie weit es noch steigen wird. Wird mein Haus standhalten? Ist es hoch genug? Ich hatte noch ein Stockwerk, konnte ich mich im Dachgeschoß retten? Ich glaubte, das Zusammenstürzen des Hauses drohte nicht mehr. Gott sei Dank war es solide gebaut und ein paar undichte Stellen hatten ein kontinuierliches Einfließen des Schlammes ermöglicht, was sich – blöd gesagt – als vorteilhaft erwies, weil es die Räume innen ausfüllte und dadurch stützte. Wenn ich doch irgendwie überleben sollte, was mache ich dann? Alles rundherum wird begraben sein. Auf dem Zeug kann man sicherlich nicht gehen ... aber das war nicht meine akute Sorge. Da es unter meinen Füßen schon wieder dunkel und nass wurde, eilte ich erneut zur Stiege und begab mich in das höchste Stockwerk. Nachher könnte ich nur mehr auf die Spitze des Daches klettern und mich dort festhalten, aber dann wäre es auch schon aus. Wenn die Welle bis dorthin nicht stehen bleibt, bin ich genauso verloren. Ich stand wieder vor dem Fenster, in meinen letzten hellen Räumen und schaute traurig, in meinen Gedanken verloren, raus. Auf einmal sah ich etwas Interessantes! Ein kleines Boot, eher ein Kajak, und ein junger Mann saß drin. Das Boot trieb ruhig, unberührt auf der Oberfläche des Schlammes, ließ sich einfach tragen. Der Mann war nicht der Panik verfallen, er paddelte nicht um sein Überleben. Er schien in seiner Ruhe Überblick und ein Gefühl zu dem ganzen Geschehen zu haben. Auf einmal bemerkte er mich hinter dem Fenster, zeigte mir sein strahlendes Lächeln und winkte mir fröhlich zu. Ich erkannte ihn. Es war ein Bekannter aus weit vergangener Zeit, eine treue Seele, ein reines Herz. Jemand, der nicht einmal einer Fliege was antun konnte. Für mich war er früher ein netter Junge gewesen, aber zu glatt, zu durchsichtig, zu offen, ohne Kanten, ohne Geheimnisse. Man musste sich nicht anstrengen, um in sein Inneres zu schauen. Man musste nicht suchen, forschen, raten – alles lag offen auf der Hand. Und jetzt? Er ließ sich ohne Angst im Vertrauen auf das Geschehen auf der Oberfläche der Verwüstung treiben. Er war zu leicht, um tiefer zu sinken. Er war zu ruhig und bedacht. Er schaute nicht nach unten, sondern nach vorne, in Richtung des Flusses. Aufmunternd winkte er mir zu, als wollte er mir sagen, ich werde es auch schaffen und dass bald alles vorbei ist. Ich konnte nicht glauben, dass gerade dieser Mann, den ich einst abgelehnt hatte, weil er zu wenig interessant war, dass gerade dieser mit seiner ganzen Ausstrahlung vor meinem Fenster an diesem dunklen Tag schwamm. Langsam verschwand er in der Weite und ich hörte noch lange den Klang seines aufmunternden Lachens in meinen Ohren. Es konnte doch nur ein Traum sein. Traum oder nicht Traum, der Dreck erfasste auch schon das Obergeschoß. Ich rettete mich auf die Notfallstiege direkt unters Dach und wartete verängstigt. Der Schlamm näherte sich wieder zu meinen Füßen, es blieb nur mehr wenig Raum zum Atmen. Bleibt die Masse endlich stehen oder ist alles gleich vorbei?"

Die aufmunternden Augen meines Bekannten waren das Letzte, was ich sah, kurz bevor ich aus diesem Schreck aufwachte." Schweißgebadet und verwirrt wurde ich munter. Zu diesem Zeitpunkt wusste ich schon, dass mir meine Träume oft etwas mitteilen, auf etwas Bestimmtes aufmerksam machen wollen. Manchmal entdeckte ich sogar in ihnen eine Aussage, einen tieferen Sinn, der im Zusammenhang mit meiner aktuellen psychischen Verfassung stand. Aber dieser Traum? Was wollte er mir sagen? Ihn einfach vergessen konnte ich nicht. Die Stimmung und die Atmosphäre des Traumes verrieten es mir, dass er in sich eine wichtige Botschaft getragen hatte. Aber von wo, von wem? Von meinem Unterbewusstsein, von meiner Seele, von mir selbst? Hirngespinst? Bearbeitung der Ängste oder von irgendwelchen beunruhigenden Nachrichten aus dem Fernseher? Eine Prophezeiung? Gibt es so was? Sind bei mir neue Fähigkeiten aufgewacht? Bekam ich eine Vorahnung einer Katastrophe, die bald auf der Erde oder sogar in meiner Umgebung stattfinden wird? Soll ich es irgendwo melden, irgendjemand alarmieren? Gott, die lachen mich doch alle aus! Erklären mich für verrückt, sperren mich in ein Irrenhaus ein. Was ist nur zu tun mit dieser Botschaft? Alle bisherigen Träume hatten immer nur mich betroffen, sie kündigten nicht eine Katastrophe oder einen Weltuntergang an. Kann es sein, dass es diesmal auch nur mit mir selbst zu tun hat? Aber wieso dann die anderen Menschen? Die Straße, die zerstörten Häuser? Und wieso habe ausgerechnet ich mich gerettet? Habe ich es? Das weiß ich doch nicht! Ich bin aufgewacht, bevor der Schlamm weiter gestiegen ist. Das Ende, der Ausgang blieb für mich verborgen oder vielleicht offen? Kann es sein, dass es noch nicht entschieden ist, wie es ausgeht? Kann es sein, dass es von mir abhängt, dass ich es bestimmen kann? Von was hängt es ab? Wie ich mich verhalte? Ob ich in Panik gerate, wenn es darauf ankommt oder ob ich mich in dem Moment in einem genug stabilen, widerstandsfähigen Gebäude befinde und ob dieses hoch genug ist? Wann? Wo? Und wie? Ich lebte doch in einer flachen Ebene. Weit und breit im Umkreis von mehreren Kilometern keine Berge zu sehen. Ja, einst war hier das Meer und alles hier liegt auf der Meereshöhe, aber von wo soll plötzlich der Schlamm kommen? Eine Überschwemmung? Das Einzige, was so zwanzig Kilometer entfernt lag, war ein großer Fluss. Wird dieser eines Tages so wüten? Oder werde ich einst irgendwo unter den Bergen wohnen, wo ein Bergrutsch das Dorf unter sich begräbt? Wann? Wieviel Zeit bleibt noch? Panik hin oder her – draußen scheint wunderschön die Sonne.

Die Nachrichten berichten über keine Katastrophe oder einen Wasseranstieg in dieser Gegend. Es kann doch sein, dass der Traum vielleicht ganz was anderes oder sogar überhaupt nichts, sagen wollte. Vielleicht war es eine Erfahrung aus einem früheren Leben, die ich im Traum bearbeitete. Vielleicht bin ich einmal unter solchen schmutzigen Wassermassen ertrunken, wer weiß.

Sichtlich konnte ich an jenem Tag das Rätsel nicht lösen. Ich entschied, es ad acta zu legen und die Augen vorsichtshalber offen zu halten. Man kann doch nicht wissen, in der Welt geschehen heutzutage genug verrückte Sachen.

Ein paar Jahre später kam die Tsunamiwelle in Indonesien. Die unerwarteten Wassermassen begruben viele Dörfer, viele Menschen unter sich. Die Bilder im Fernseher zeigten die verwüsteten Ferienparadiese. Statt eleganten, luxuriösen Hotels, Ferienanlagen und Wellnessoasen gab es überall nur Schutt und Asche. Die ganze Welt war erschüttert. Es geschah zu der friedvollsten Zeit des Jahres, der Weihnachtszeit. Immer wieder sah man Bilder von ums Leben laufenden Menschen – im Nacken die riesengroße Welle. Ein paar Leute schafften es in die oberen Stockwerke von stabilen Häusern und überlebten.

Ich erinnerte mich an meinen Traum. Also war es das, was mein Traum mir zeigen wollte? Also doch eine Vorahnung, eine Ankündigung? Aber warum ich? Hätte ich was unternehmen können? Wie denn? Hätte ich Menschenleben retten können?

Wie denn? Der Traum gab doch keine Angaben zum Ort und zum Zeitpunkt. Ich selbst befand mich viele tausend Kilometer entfernt in Sicherheit, im mitteleuropäischen Inland. Ich hatte gänzlich andere Probleme. Meine Firma stand kurz vor dem Ruin, ich schwamm bis zum Hals in Schulden und wusste nicht, an wen ich mich noch um Rat und Hilfe wenden konnte. Ja, die Tsunamigeschichte erschütterte mich auch. Es lenkte mich für einige Zeit von meinen eigenen „Problemchen" ab – was waren schon meine Probleme gegenüber diesem Desaster, gegenüber dem Leiden der Verbliebenen? Ich hatte noch ein Dach über dem Kopf, ich hatte noch Aussichten, ich hatte noch meine Familie ...

Nach und nach klang die Tsunamitragödie auch in den Medien und damit höchstwahrscheinlich auch im Bewusstsein der Menschen auf der ganzen Welt ab. Jeder konnte zu seinem Leben wieder zurückkehren. Jeder konnte sich wieder mit sich selbst, seiner Welt, seinen Problemen, Sorgen und Freuden beschäftigen. Es kamen neue, andere Katastrophen. Florida entkam knapp einer Katastrophe, New Orleans erwischte es völlig, Haiti kämpft noch immer mit den Folgen, Fukushima bleibt wahrscheinlich für immer unbewohnbar. Man – wie blöd es auch klingt – gewöhnte sich langsam an diese Nachrichten. Sie wurden ein Teil unseres Lebens.

Erst viele Jahre später, nachdem ich durch mein persönliches Hoch und Tief gegangen war, nachdem ich mehrmals am Abgrund stand und mich immer wieder aufpäppelte, nachdem ich neue Einsichten gewann, glaubte ich den Traum endlich verstanden zu haben. Es war doch eine Prophezeiung, eine Ankündigung, eine Vorbereitung. Nein, es geschah nicht im Außen, sondern in mir, mit mir. Es kündigte eine Zeit an, in der ich regelrecht im Schlamm badete. Ich erfuhr den Mist und Dreck, die wir Menschen täglich mit unserer Einstellung, unseren Vorstellungen, Gedanken und Emotionen produzieren. Ich hatte die Ehre, den Schlamm persönlich, bei vollem Bewusstsein kennen zu lernen, der unsere Klarheit, unsere Liebe, unsere Vernunft verklebt, verpickt. Der Schlamm, der uns auf der Stelle treten, uns nicht weiterlässt, unser System blockiert, unsere Sinne benebelt und das Leben schwer macht. Wir verlieren den Weitblick, werden schwer, engstirnig, träge, unglücklich, hilflos und matt. Wir wedeln mit den Armen, drehen uns im Kreis, lassen heiße Luft aus unserem Mund raus und hören uns selbst nicht, oder erstaunt, zu. Wir klammern uns an jeden Strohhalm. Schauen auf zu Menschen, die es zu wissen scheinen, wie man sich in dieser zähen Masse bewegt, wie man überlebt. Wir stecken bis zum Hals in unserem eigenen Mist und es steigt weiter. Können wir damit umgehen? Werden wir leicht wie mein Bekannter im Traum? Wohnen wir in stabilen, widerstandsfähigen, ausreichend hohen Gebäuden? Haben wir Boote, die uns über diese schlammige Zeit sicher auf der Oberfläche tragen können?

Für mich ist **der erste Schritt zur Heilung das Erkennen, egal ob im Außen oder Innen. Das, was wir im Außen fähig sind zu sehen, spiegelt nur unseren eigenen Zustand wieder,** in welcher letztendlichen Auslegung auch immer. Die

Interpretation des Gesehenen sollte nicht eins zu eins erfolgen. Man kann nicht behaupten, wenn man nur Krieg, Hass und Aggression im Außen beobachtet, dass man selbst nur auf Kampf aus ist, dass man gehässig und aggressiv vierundzwanzig Stunden am Tag ist. Meiner Meinung nach heißt es nur, dass man momentane Resonanz zu diesen Sachen, Themen hat, dass man den anderen Pol augenblicklich nicht fähig ist zu sehen, zu erkennen. Warum es so ist, dass ist jedem sein individuelles Thema.

Erkenne und beginne deinen eigenen Mist zu kehren, zu bearbeiten. **Ein (Spiegel)Bild, dem du im Außen wie im Innen begegnen kannst, kann dir helfen, deine eigenen Blockaden, Kränkungen, Wunden zu erkennen und sie nach und nach zu transformieren.** So entschlammst du dich selbst, produzierst dadurch weniger Schlamm und erschaffst für dich einen angenehmeren Lebensraum.

Apropos …

Ich glaube, dass das wunderschöne weiße Haus in meinem Traum meinen eigenen Körper symbolisierte, mein eigenes Energiesystem. Nachdem ich einige Jahre geistig, spirituell und energetisch an meiner Heilung – entsprechend der Anleitungen meiner Lehrer, zu denen ich zu dieser Zeit aufschaute – arbeitete, wurde mein Energiesystem fast steril, entsprechend der lichten, heiligen Vorstellung der Welt, in der ich mich damals bewegte. In den Kursen stolzierten wir mit der Menge an reiner, göttlicher Energie, die wir schon fähig waren in unserem System aufzunehmen, die durch uns fließen konnte. Von Schlamm wusste ich damals noch nichts. Ich fühlte mich spirituell, berufen, bald erleuchtet – einfach herrlich. Und dann kam die Flut, die Welle, der Schlamm. Er überflutete meinen reingeglaubten Körper, erschütterte meine Seele, aber zeigte die Risse und Löcher im meinem perfekt geglaubten System auf. Auf das hatte mich kein Kurs vorbereitet. Kein Mensch sprach davon, dass man den Halt und die Reinheit verlieren kann. War darüber der Traum? Die Vorbereitung? Die Lektion?

Jetzt, wieder ein paar Jahre später, glaube ich zu verstehen, dass jeder früher oder später seinen eigenen Mist – den er produzierte, den er nicht sehen, wahrhaben wollte, unter den Teppich kehrte, den er anderen in die Schuhe schob oder ihm abgenommen wurde – aufräumen (transformieren) muss.

Der Schlamm ist auf gewisse Weise mit uns verbunden. Es ist unsere Energie, unsere Emotionen, unsere Gedanken, Vorstellungen, Glaubenssysteme, mit denen wir uns identifiziert, sie für unsere genommen haben. **Alles, wo unseres ist, ist ein Teil von uns. Deswegen kann kein anderer für uns aufräumen und erkennen, so wie wir für niemanden aufräumen und erkennen können.** Die Transformation, also die Umwandlung von einer verstoßenen und dadurch gebundenen, verdichteten Form, kann nur in eigenem Bewusstsein stattfinden. Nur ich selbst kann das befreien, was ich einst für unfrei in mir erklärt habe – dies kann keiner für mich tun und ich kann es für niemanden tun.

Das Labyrinth

Stellen sie sich vor, sie langweilen sich, bekommen schon längere Zeit keine Impulse mehr, sie haben das Gefühl, ihrem Leben fehlt Spannung. Dann diskutieren sie mit ihren Bekannten darüber und bekommen eine bahnbrechende Idee:

Sie bauen ein Labyrinth samt allen möglichen Finessen, dass es ja nicht fad wird. Für jeden ist etwas drinnen: Action, düster, gespenstisch, verwirrend, verleitend, herausfordernd, verführend, verzerrend … Es spricht sich herum. Bei der Eröffnung bilden sich vor der Kassa Schlangen, jeder möchte es selbst erfahren, jeder ist schon wild drauf, sich zu verlieren, sich nicht auszukennen, richtig erschreckt zu werden und so zu tun, als würde man sich ängstigen. Das ganze Unternehmen ist ein riesiger Spaß, floriert. Täglich das gleiche Bild, die gleichen Warteschlangen vor dem Eingang. Immer wieder werden weitere Schwierigkeitsstufen ausgebaut, damit diejenigen, die es schon absolviert haben, wieder etwas Neues, Unerwartetes zum Erleben haben. Und plötzlich wird es einigen zu viel. Sie haben sich möglicherweise überschätzt. Sie haben zu hohe Schwierigkeitsstufen gewählt oder wollten gleich den größten Kick haben. Sie finden mehrere Tage den Ausgang nicht. Sie bleiben hängen, keiner kommt und hilft ihnen – warum auch – es kann nichts passieren, ist doch nur ein Spiel … Im Labyrinth und vor dem Labyrinth spielen sich verschiedene Szenarien ab. Während Bekannte Rettungsaktionen starten bzw. das Labyrinth stürmen wollen, stehen andere noch Schlange, um es erfahren zu können. Die Zuständigen versuchen die Verlorenen aus ihren Verstecken rauszulotsen, aber diese reagieren nicht, weil sie sich fürchten, niemandem mehr vertrauen. Was soll man tun? Die Geisterbahn in einen angenehmen Raum, wo nur wohlwollende Klänge zu hören sind und jede Ecke gut durchleuchtet ist, umbauen? Was ist mit denen da draußen, die sich die Tickets für die Geisterbahn schon im Vorverkauf oder sogar am Schwarzmarkt besorgt haben?

Ich vergleiche manchmal unser Leben mit einem Labyrinth. Der Unterschied zu einem Labyrinth in einem Unterhaltungspark besteht hauptsächlich darin, dass wir nicht wissen, wie wir da hineingeraten sind. Wir können uns nicht erinnern, einen Eingang betreten zu haben oder einen Eintritt bezahlt zu haben. Oft glauben wir im Leben kein klares Ziel zu haben. Wir wissen im Gegensatz zu einem Irrgarten nicht wohin wir gehen – es scheint keinen wirklichen Ausgang, kein Ende zu geben. Manchmal merken wir gar nicht mehr, dass wir uns in dieser Verflechtung von unzähligen Wegen und Sackgassen befinden, in denen wir ab und zu gegen die Wand rennen oder uns von unzähligen „Attraktionen", die uns auf dem Wege begegnen, ablenken lassen. Ein Spiegelkabinett, das uns in den unmöglichsten Verzerrungen, Grimassen und Posen zeigt, von denen wir uns ab und zu erschrecken, erschüttern lassen.

Wir neigen dazu, uns mit dem, was wir gerade sehen, zu identifizieren, ohne davon mit einem lachenden Auge auf Abstand zu gehen und sich von den absichtlich verunstalteten Bildern zu lösen und zu der eigenen wahren Natur zurückzukehren.

Wenn wir schon mal in diesem Labyrinth stecken, können wir es als eine Herausforderung, eine Schulung, ein Abenteuer oder ein Spiel betrachten. Es kann doch auch in einem echten, gut angelegten Irrgarten passieren, dass uns kurzfristig der Mut verlässt, dass wir nicht mehr wollen, dass wir am Verzweifeln sind, nicht mehr wissen, wo vorne und hinten, links oder rechts ist. Wir bereuen den Zeitpunkt, wo wir den Eingang betreten haben, verfluchen den Moment, an dem wir die Idee bekommen haben, sich in dieses verzweigte Abenteuer zu stürzen. Wäre es uns nicht peinlich, würden wir nicht Angst haben von unseren Freunden und Bekannten ausgelacht zu werden, würden wir schon längst schreien: „Bitte hol mich hier raus!" oder „ich finde kein Ausgang, bitte zeigt mir den Weg" oder „es ist mir zu dunkel, ich fürchte mich, macht bitte das Licht an" oder „ich bin so alleine und verloren, ich habe Angst und weiß überhaupt nichts mehr – bitte hilf mir, lass mich nicht allein …" oder „jetzt ist genug mit diesem Spaß, ich will nicht mehr, ich habe genug, bitte zeigt mir, wie ich hier raus kann …" und … wenn wir uns nicht gerade in einer hochmodernen, technisierten und computerisierten Anlage befinden, wo alleine ein Knopfdruck an einer speziellen Armbanduhr reicht, um uns mit der Kommandozentrale zu verbinden um das Tor zu öffnen, wenn wir von Anfang bis zum Ende glauben auf uns selbst gestellt zu sein – was selbstverständlich zum Spiel gehört – wissen wir auch nicht, ob wir in unserer Verzweiflung gehört werden, ob unsere Hilferufe ein helles Ohr finden.

Es stellt sich die Frage, **wie sehr müssen wir verzweifelt sein, wie müssen wir am Ende mit unseren Nerven und Kräften sein, wie viele Male müssen wir denselben Weg gehen oder uns im Kreis drehen, bis wir bereit sind, nach Hilfe zu rufen** oder stehen zu bleiben, uns zu besinnen und uns umzuschauen, ob der Ausgang wirklich das ist, was wir suchen oder ob unsere Vorstellungen von seiner Beschaffenheit und Form nicht das sind, was uns hindert es zu sehen, obwohl es die ganze Zeit direkt vor unserer Nase liegt. Vielleicht reicht es aus, nur eine spezielle Brille von den Augen abzulegen, um zu erkennen, dass das Ganze nur eine Unwirklichkeit, eine virtuelle Welt, ein Spiel, in das man sich zu sehr hineingesteigert hat, eine Art Hologramm, das auf Knopfdruck verschwinden kann, war. Vielleicht …

Wie auch immer …

Das Leben könnte man als ein Labyrinth betrachten, das bestimmte Gesetzmäßigkeiten und Einrichtungen zu haben scheint. Es sind die unzähligen, miteinander verflochtenen Wege, die uns einmal weit weg vom Ziel, einmal ganz nah an es heran führen, um nächstes Mal wieder im Nirgendwo zu enden. Es gibt Kreuzungen, wo man glaubt sich für einen

Weg, eine bestimmte Richtung entscheiden zu müssen. Es gibt Raststätten, wo man sich stärken, entspannen, ausruhen, aber auch vergessen kann. Es gibt Ablenkungen der verschiedensten Formen, bestens für die Bedürfnisse von jedem von uns angepasst. Es gibt Hindernisse und Hürden, die man scheinbar überwinden, überspringen, durchqueren soll. Es gibt Gegenden, die voll im dichten Nebel stehen und wiederum solche, die uns mit grellem Licht blenden. Es gibt Schlammpfützen und Lacken, es gibt Regen, Blitz und Donner, sowie auch Sonnenschein. Und es gibt Botschaften, offensichtliche oder versteckte Botschaften, mehr oder weniger kodierte Wegweiser, auf die man zuerst aufmerksam werden muss und ihre Sprache erlernen kann. Ein ausgeklügeltes Ding, dieses Labyrinth. Es scheint für jeden sein Eigenes, Individuelles zu geben, aber es scheint auch nur ein Einziges, Großes für uns alle, egal ob schwarz oder weiß, reich oder arm, gescheit oder einfacher gestrickt, zu geben. Jeder steckt in seiner eigenen Ecke. Jeder hat seine eigene Strecke, eigene Schwierigkeitsstufe – wahrscheinlich entsprechend dem, was man sich selbst unbewusst/bewusst vorgestellt hat, das man zur eigenen Erlösung, Heilung, Entwicklung, Nachhausefindung, Selbsterkennung braucht.

Wenn ein Mensch mitten in seinem eigenen, vielleicht sogar selbstentworfenen Labyrinth verloren nach Hilfe und Unterstützung schreit, wie kann man ihm helfen? Einfach kommen – am besten mit Hubschrauber, eine Rettungsleiter runterlassen und ihn da rausholen, rausfliegen? Aber wie und wohin? Wie, wenn seine Labyrinthkonstruktion keinen Hubschrauberlandeplatz vorgesehen hat? Wenn es keine Möglichkeit der Rettung von oben gibt, weil dort alles zu ist? Und wohin mit ihm, wenn er überzeugt ist, dass er doch zu seinem Ziel/Ausgang muss, dass er den richtigen Weg finden muss? **Wie kann man jemandem helfen, der in seiner Verwirrung, Verzweiflung, Erschöpfung, Sinnesbenebelung eine genaue Vorstellung davon hat, wie eine erlösende Hilfe, eine passende Rettungsaktion auszusehen hat?** Wie kann man jemandem helfen, der zwar nach Hilfe ruft, aber jede (Hilfe)Aktion als eine neue Bedrohung, neue Versuchung, Verführung empfindet und flieht, sich versteckt? Was dann, wenn der anfliegende Helikopter begrenzte Auslastungsmöglichkeiten hat und nur ein Platz frei ist und der nach Hilfe Rufende sein Gepäck, voll mit Souvenirs, die er auf dem langen Wege durchs Labyrinth gesammelt hat, nicht loslassen will? Zu viel von eigenen Erinnerungen an kleine und große Siege, Niederlagen, Freuden und Enttäuschungen stecken darin – gar unser ganzes Leben, wir selbst, könnten wir meinen. Wir haben Angst, wenn wir diesen Rucksack von unseren Schultern runterlegen, dass wir dann möglicherweise alle unsere Erinnerung, unser Wissen, unsere Erfahrung, uns selbst verlieren werden. Wir ängstigen uns, dass wir dann nicht mehr wissen, wer wir sind. Zu schwer haben wir uns eine Vorstellung, ein Bild von uns erarbeitet und einen teueren Preis dafür bezahlt. Ganz alleine, bar jeglicher Unterstützung, haben wir viele schattige Ecken und Gassen, sowie blumige Wiesen und sonnige Seeufer, die Tiefen des Meeres und die Höhen der Berge durchforscht. Jeder Tiefgang, jeder Aufstieg, jedes Zerbrechen und Wiederaufstehen, jedes Verzweifeln und doch Wiederweitergehen haben wir in unseren Rucksack hineingepackt. Und jetzt? Jetzt sollen wir uns davon lösen? Ohne diesen sich retten, sich rausholen lassen? Was nun tun? Auf einen anderen Hubschrauber warten, der mehr Platz bietet? Sich weiter selbst durch die Irrlandschaft versuchen und doch auf ein eigenes Happyend hoffen? Vielleicht ist es gar nicht mehr so weit … Vielleicht fehlen nur noch ein paar Schritte … Vielleicht ist man nur noch um ein Eck und sieht man es noch nicht. Man lässt sich retten, wegfliegen und erfährt nie, dass man so knapp vor seinem Ziel war. Lebenslang wird man sich als Verlierer, Versager, der auf fremde Hilfe angewiesen war, fühlen. Den Rest des Lebens wird man eine Unruhe in sich spüren. Diese Ungewissheit – hätte man doch noch weiter probiert – hätte man es dann doch geschafft? Man wird sich plagen, wird hin und her zerrissen, zwischen den Erinnerungen auf die anstrengende Zeit und dem Bedürfnis, es doch noch einmal zu versuchen, um sich zu beweisen, um es doch noch schaffen, um selbst ins Ziel zu kommen, um vor sich selbst und den anderen wieder mit gehobenem Haupt stolz zu stehen.

Wie hilft und rettet man also einen Menschen, der sich selbst nicht sicher ist, ob er gerettet werden will?

Sinn

Eines haben wir wahrscheinlich alle gemeinsam – die Sehnsucht nach wahrer Liebe und nach uns selbst. Irgendwo tief in unserem Inneren ahnen – wissen, bzw. hoffen wir, dass das, was wir zu sein scheinen, was wir von uns selbst wahrnehmen, was andere oder wir selbst für uns halten, nicht alles ist – oder nicht alles sein kann. Oft erinnern wir uns mit Wehmut an unbekümmerte, selbstvergessene Augenblicke aus der Kindheit, Momente, in denen zwischen uns und der Welt keine Grenzen waren. Momente, in denen uns das ganze Universum zu Füßen lag, ohne dass wir uns bedroht fühlten. Neugier, Faszination, Forschergeist, unbändige Begeisterung, Freude, Ausgelassenheit, Offenheit, Kreativität ...wo ist es alles hin? Wo ist es geblieben? Gehört es wirklich nur in den Kindergarten, bei manchen sogar noch in eine Zeit davor? Ist es das Gesetz des Erwachsenwerdens, das Gesetz des Menschseins, dass man nur mehr Ernsthaftigkeit, Sorge, Eile und Trübsal blasen muss?

Noch in der Pubertät hatten viele von uns Pläne, Ideale. Wir glaubten genau zu wissen, wo es lang geht, was wir tun müssen, in welche Richtung sich unser Leben, unser Weg bewegen wird. Möglich, dass es kein bestimmtes Ziel war, aber die Richtung, die Ausrichtung war klar. Liebe und Freiheit, Freiheit und Freude, Freude und Leichtigkeit, Leichtigkeit und Lebendigkeit, Lebendigkeit und Liebe. Es gab Zeiten, wo wir uns spürten, unsere Kraft, unser Potential, unsere Möglichkeiten, unseren Plan. Wir dachten, wir sind so stark, nichts kann sich uns in den Weg stellen. Nicht die verstaubte Politik, das Regime mit ihrem Stacheldraht und Budget, die altmodische Religion, die starren Gesetze und nicht einmal Eltern, die ihre eigenen Sorgen, ihre eigene Welt und Vorstellungen hatten. Nein, wir wollten niemanden verletzen. Wir wollten nicht über Leichen gehen. Wir wollten nicht absichtlich Rebellen, Revolutionäre sein. Wir wollten einfach unser Leben, uns leben und wir vertrauten – wir kriegen das hin. Wir fühlten in uns das Recht auf eigenes Schaffen, eigene Verwirklichung, eigene Erfahrung, eigenen Weg – und es schien so einfach zu sein – einfach nur leben und sein, wie man war.

Wo ist es hin? Der Elan, der Motor, die Treibkraft?

Haben wir es ad acta gelegt, mit der Begründung – das war nur die jugendliche Naivität, der pubertäre Wahn?

Überlassen wir unsere freien Stunden lieber dem Fernseher? Statt in unser Herz starren wir täglich in die Kiste – damit sie uns unterhält, uns ein Gefühl vermittelt, gibt. Wir hoffen auf ein gutes Programm. Irgendwas Besonderes, was für einen Augenblick unser Herz berührt, unseren Geist bewegt. Es dürfte keine leere Minute sein, kein Augenblick unbeschäftigter Pause – nur nicht allein mit sich selbst sein, ohne dass irgendetwas Fremdes die eigene Aufmerksamkeit und Konzentration bindet. Geht das Autofahren zu locker von der Hand, wie von selbst, wozu sich entspannen und die Gedanken schweifen lassen? Nein, zu gefährlich. Lieber sich von einem Navigationssystem dirigieren, von wattstarken Lautsprechern beschallen lassen und dabei fleißig telefonieren, um damit die freien Stunden zu Hause für Fernseher, Computer, Internet aufzusparen. Sogar an idyllischen Orten, dem erträumten Paradies, auf das wir Jahre lang gespart haben, um endlich einmal diese Herrlichkeit, diese Weite und Freiheit zu genießen, stützen sich heutzutage viele mit dem Mobiltelefon, geben den MP3-Player nicht aus der Hand. Die Zeit hat sich verändert – romantische Spaziergänge zu zweit auf einem einsamen Strand bei Sonnenuntergang sind noch immer hoch im Kurs. Das Neue dabei: jeder mit einem Ohr an seinem eigenen Telefon, ununterbrochen verbunden mit dem Heimatland.

Wollten wir nicht ursprünglich für ein paar Tage weg? Weg von dem Bekannten, Eingefahrenen – um bei sich selbst alleine, ohne Einfluss zu sein? Frei, ohne gleich Erklärungen, Berichte, Kommentare abgeben zu müssen? Einfach für einen Augenblick nur atmen, genießen, wahrnehmen, fühlen, entspannen, sein?

Was passiert, wenn man als „Erwachsener“ für eine Stunde alles ausschaltet – Fernseher, Radio, Internet, Telefon, Familie, Freunde und alle Sorgen und Pflichten? Eine Stunde, in der es dies alles nicht gibt. Man ist einfach so, wie man ist. Eine Stunde alleine. Wenn man keinen Anspruch hat, in dieser Stunde etwas Besonderes zu tun.

Keine Erwartung, irgendwelche bahnbrechenden oder erleuchtenden Gedanken zu haben, zu bekommen. Keine Vorstellung – was in dieser einen Stunde passieren soll. Absolut nichts. Man geht in diese eine Stunde hinein und schaut, was passiert. Was kommt oder nicht kommt. Wie man sich fühlt, was man so denkt, was so in der einen Stunde mit einem oder in einem, passiert oder auch nicht. Oder sogar auch das nicht. Man will sich auch nicht beobachten. Man tut einfach das, was einem als erstes in den Sinn kommt oder auch nicht. Man hat alle Freiheiten – alles zu tun oder nichts zu tun. Was passiert in so einer Stunde? Wie fühlt es sich an – die ganze Welt ohne Verpflichtungen, Sorgen, Gesetze, ohne „muss" und „soll" und „könnte", ohne Zeit? Und was passiert oder wie fühlt es sich an, wenn es nicht eine Stunde sein soll, sondern wenn man sich frecherweise gleich eine Woche, einen Monat für dieses Experiment Zeit nimmt?

Was macht man einen Monat lang, wenn man nicht Geschirr abwaschen, nicht aufräumen, nicht in die Arbeit gehen muss? Wenn man niemandem Rede und Antwort stehen braucht? Wenn die Außenwelt, so wie sie sich darstellt – medial – in den Hintergrund rückt? Aus was besteht so ein Tag, eine Woche, ein Monat, wenn einem niemand direkt oder indirekt – in kodierter Sprache – unbewusste Botschaften und Suggestionen sagt, wohin er seine Aufmerksamkeit ausrichten, was er zu denken, was er tun soll und was einem seine Prioritäten sind?

Wo und wie schlafe ich? Was esse ich? Esse ich überhaupt? Habe ich Hunger, bin ich durstig – und auf was? Auf was habe ich Lust? Nach was sehne ich mich? Nach was ruft als erstes mein Herz, meine Seele?

Überrasche ich mich selbst?

Lerne ich etwas Neues an mir kennen?

Habe ich Angst? Wovor?

Was könnte so alles passieren? Bricht die Welt in dieser Zeit ohne mich zusammen? Breche ich ohne die Welt zusammen? Erfahre ich plötzlich Dinge über mich, die ich lieber nicht sehen, nicht wissen will? Die ich insgeheim, ohne dass ich es selbst weiß, es mir selbst zugestehen, mit großem Energieaufwand unter Verschluss zu halten versuche? Ein Ungeheuer, ein Monster, vor dem ich mit dem wenig geschulten Menschenverstand die Allgemeinheit zu bewahren versuche? Oder begegne ich meiner besseren Hälfte, die ich mir für spätere Tage, wenn alles erledigt ist, wenn man nichts mehr tun muss, aufbewahrt habe, damit sich dann diese endlich ausleben kann? Ein Teil von mir selbst, möglicherweise der besagte weiche Kern unter der harten Schale, den ich beschütze und niemandem zeigen will – um sich nicht zu blamieren. Nicht verraten, dass man doch auch einer von diesen „naiven" Idealisten ist. Erst einige Zeit später, wo mir mein hart erarbeiteter Status und mein Image wieder erlauben verrückte Sachen zu machen, dann kann ich mich vielleicht outen, dann wird vielleicht auch dieser Teil von mir gesehen, anerkannt. Oder begegne ich mir als ein Kind – hilflos, ausgeliefert, ängstlich, verloren? Oder beginnen mich plötzlich wieder die alten Träume, Ideen und Sehnsüchte, mit denen ich schon längst abgeschlossen habe, zu überschwemmen? Möglicherweise nichts desgleichen … Höchstwahrscheinlich erfahre ich zuerst, dass ich einfach nur müde, nichts anderes als müde bin. Wollen sie in dieser Zeit nur schlafen und schlafen? Eine Ewigkeit von nichts und niemandem, nicht einmal von sich selbst wissen? Schlafen sie! Schlafen sie nur – einen Tag lang, eine Woche, einen Monat … Wenn es noch immer das ist, wonach ihnen gerade ist. Seien sie aber nicht überrascht, wenn sie währenddessen wieder zu träumen beginnen, sich heilen, zu sich kommen oder sich einfach nur erfahren …

Was auch immer. It's your time.

In so einer Stunde mit mir selbst bekam ich dieses gedankliche Bild zu sehen:

> *„Ein weißer Mann unter lauten Schwarzen. Weit und breit keine Zivilisation, alles noch unberührt und urig. Alle tanzen. Der junge weiße Mann tut sich schwer mit dem Rhythmus und mit seinem Körper. Er müht sich richtig ab, alles so zu machen wie die anderen, aber bei ihm schaut es immer anders aus. Es fließt nicht. Es ist irgendwie eckig, der Körper will einfach diesen Rhythmus nicht*

übersetzen. Bei allen anderen schaut es unglaublich leicht und spaßig aus. Der junge Mann empfindet keinen Spaß dabei.

Er ist schweißgebadet, frustriert, verärgert über sich selbst, enttäuscht. Seiner Ansicht nach, egal wie er sich bemüht, wie fleißig er auch übt – es wird einfach nicht besser. Als wäre es nicht genug, dass er schon viel größer und unförmiger ist als die anderen Männer. Obwohl er größer ist, hat er längst nicht so viel Kraft wie seine Stammesbrüder. Beim Laufen kann er nicht mithalten, er stellt sich einfach immer tollpatschig an. Was hat er nur verbrochen, dass ihn Gott mit so einem unbeholfenen Körper bestraft hat? Was muss er nur tun, um es wieder gut zu machen? Wie kann er seine Strafe abarbeiten? Büßen? Sei es was es wolle, er will endlich so wie seine Brüder sein. Er will nicht rausstechen! Er will nicht etwas Besonderes sein! Alle schauen gleich aus, nur er stellt sich so an!

Alle anderen verstehen nicht, was er hat. Sie kennen ihn seit seiner Kindheit. Eine weiße, elegante Frau hat ihn geboren und kurz danach ist sie gestorben. Diese Menschen dachten nicht in Dimensionen schwarz und weiß. Sie gaben dem keinen Wert. Sie erzogen den Jungen wie einen von ihnen selbst und vergaßen, sein Bewusstsein auf seine andere Hautfarbe aufmerksam zu machen. Für sie tat er sich richtig gut. Egal ob beim Tanzen, Laufen oder bei anderen Arbeiten. Schließlich war jeder von ihnen irgendwie anders und hatte eigene Qualitäten.

Der junge Mann wurde älter und konnte nach eigenem Urteil den Rhythmus noch immer nicht so gut übersetzen wie andere. Er nahm sich vor – sein Hauptziel für den Rest seines Lebens – so gut, sogar besser wie der Beste von seinen Stammesbrüdern zu werden. Er arbeitete hart an sich. Sein Wille war sehr stark und trug bald Früchte. Seinem Urteil nach lernte er endlich so gehen, denken, fühlen, tanzen und singen wie ein schwarzer Mann. Man könnte sagen – sogar „schwärzer". Diese Herausforderung war sein Antrieb, sein Motor, der Sinn seines Lebens geworden. Mit der Zeit reichte ihm sein eigener Stamm nicht mehr. Er konnte es nicht schätzen, dass er sich mit dem Stärksten und Besten von allen messen konnte. Das Misstrauen zu sich selbst war in ihm tief verankert. Er glaubte noch immer nicht an eigene Fähigkeiten und dachte, wenn er es geschafft hat seinen besten Stammesbruder zu toppen, dann muss der Stamm doch ziemlich erbärmlich sein. Er begab sich auf eine Reise, in die Welt hinaus. Er forderte viele der stärksten „Stammesmänner" auf der ganzen Welt heraus, bis er dem letzten begegnete und mit ihm auch mithalten konnte. Er lernte rund um die Welt alles, was ihm möglich war, den Mann in sich zu stärken. Endlich blieb er stehen. Sein Ziel war erreicht. Endlich war er ein richtiger Mann geworden – dachte er sich. Aber seine Freude hatte nur einen winzigen Augenblick gedauert. Eine große Leere war im nächsten Moment in das Leben dieses Mannes eingekehrt. Was sollte er jetzt tun? Wo sollte er hin? Es gab für ihn plötzlich keine Aufgabe, keine Herausforderung mehr. Wie sollte er denn jetzt leben? Er lernte doch nur zu jagen, ständig in Bewegung, auf der Suche, beim Lernen und sich Herauszufordern zu sein. Immer aufs Neue höhere Stufen zu bewältigen, weitere Mauern zu durchbrechen, Grenzen zu durchqueren. Eilig immer und immer wieder über den eigenen Schatten zu springen, alles Fremde in sich aufzunehmen und zu lernen, es zu beherrschen. Der Mann wurde sehr traurig und depressiv. Zum ersten Mal im Leben wusste er mit sich selbst nichts anzufangen. Endlich … endlich konnte er sagen – er war so wie die anderen – aber! … war er das wirklich? Eine Unsicherheit begann ihn zu plagen. Er saß am Ufer eines Flusses und bemerkte plötzlich sein Bild im Wasser. Er sprang auf, drehte sich um und dachte: Ein Fremder beobachtet mich die ganze Zeit über. Doch es war kein Fremder da! Er schaute noch einmal ins Wasser, der Fremde schaute ihn wieder an! Also kam er näher, schaute genauer ins Wasser hin und begann diesen Fremden kennen zu lernen, sich mit ihm anzufreunden, der alles andere war, nur nicht er selbst. Oder?

zweites Bild – die Seelenperspektive:

Die Seele entschied sich im Körper eines weißen Mannes, in dem sie ihre Absichten und ihr Potenzial besser zum Ausdruck bringen konnte, in Afrika, bei einem Stamm, der von einem Tag zum anderen lebte, zu inkarnieren.

Die Seele nahm sich vor, mit ihrer Qualität den Stamm zu bereichern und so zur Weiterentwicklung dieser Menschen beizutragen. Die Willensstärke war die besondere Kraft, die den Stammesbrüdern in einer Form, um den nächsten Schritt in ihrer Entwicklung zu machen, fehlte.

drittes Bild – Mensch- und Seelenebene:

Der Mann schaut mit seinem Herzen noch einmal das Bild im Wasser an. Die Seele erkennt sich! – sie ist es, dieser Mann im Wasser. Der Mann (Mensch) ruft plötzlich überrascht: „Ich bin das!“, setzt sich und nimmt seinen Kopf in die Hand. Es war ein langer Weg bis zu diesem Moment, bis er sich selbst erkannte, in seinem Willen erprobte, sich mit Stärken der anderen irrtümlich identifizierte. Aber jetzt! ... Jetzt konnte er endlich zu seinem Stamm zurückkehren und endlich das machen, weswegen er dort hineingeboren worden war. Er erkannte seine Qualität und seine Aufgabe – jetzt wird er zu seinem Stamm zurückkehren und sie lehren, ihnen die Gabe der Willensstärke beibringen. Endlich hatte er (der Mensch) wieder eine Herausforderung, eine Beschäftigung, einen Plan, einen Sinn! – die Seele schüttelt innerlich den Kopf und weiß ...

viertes Bild – der weiße Mann kehrt zurück:

Überrascht findet er ein anderes Dorf vor. Die Menschen dort haben sich weiterentwickelt, viele neue Dinge gemacht. Er sieht das und meint: es gibt für mich dort nichts mehr zu tun, meine Aufgabe ist bereits getan.“

Was wollte mir damals vor Jahren dieses Bild sagen? Heißt es: Unsere Aufgabe, wegen der wir gekommen sind, kann sich von selbst erledigen? Viel Mühe für nichts? Oder reicht das alleinige Sein? **Besteht die Möglichkeit, dass nur alleine dadurch, dass wir so sind, wie wir sind, schon etwas, sogar etwas Hilfreiches, Wunderbares entstehen/geschehen kann?**

Können wir damit leben? Ist es nicht zu einfach? Zu unspektakulär? Ein Leben ohne Streben? Ohne siegen zu müssen? Ohne der Beste sein zu wollen? Ohne helfen zu wollen? Im Wissen, dass alles von selbst passiert? Können wir es zulassen? Das Vertrauen, das Fließen, das Sein?

Heilung kontra Krankheit

Wie schon geschrieben, Genesung und Heilung von Körper, Geist und Seele sind heutzutage in aller Munde. Viele von uns (be)mühen oder (ver)suchen sich zu heilen, gesund zu werden. Dieses Faktum nimmt jedoch an, dass man nicht heil bzw. nicht gesund ist – mit anderen Worten – es scheint, man ist krank. Wie sollte es auch anders sein? Würde man nicht krank sein, bräuchte man sich nicht heilen, bräuchte man nicht gesund werden – so funktioniert zumindest unsere menschliche Logik.

Die Problematik dieses Themas beginnt schon dort, wo man untersuchen will, was eigentlich genau krank sein, heil und gesund sein bedeutet. Wann ist man noch gesund und wo beginnt schon das Kranksein und wann ist man dann wieder geheilt? Meinem Gefühl nach gibt es keine genaue Anleitung – für den Ottonormalverbraucher – aus dem man entnehmen kann, für sich eindeutig feststellen kann, ob man noch gesund oder schon krank oder schon wieder geheilt ist. Irgendwie ist es eine subjektive Empfindung, ein Gefühl. Wir sagen auch oft: „Ich fühle mich krank." „Wirklich" krank ist man meistens erst dann, wenn es ein Arzt bestätigt – oder? Dann sagen wir: „Ich bin krank" oder manche auch: „Ich bin krankgeschrieben." Ist man krank, wenn/weil man krankgeschrieben worden ist? Selbstverständlich gibt es allgemein anerkannte

Krankheitszustände (Beinbruch, Fieber, Gallensteine ...), die auch ohne ärztliches Attest klar sind. Ist man aber krank, nur weil man einen Krankheitszustand hat?

Ich selbst hatte so Zeit meines Lebens ein Problem mit dem Schmerz. Egal was mir passierte und weh tat, ob es körperlich oder psychisch war, es gab immer jemanden, der eine Geschichte auf Lager hatte, wo er noch größeren, leidvolleren, furchtbareren Schmerz erlitten hatte. Meine Logik sagte mir also dazu: Mein Schmerz war nichts dagegen – also war es eigentlich kein Schmerz. So kämpfte ich tapfer mit meinen „kleinen" Beschwerden, die das Wort nicht Wert waren. Mir tat es sehr weh, oft war es für mich kaum auszuhalten, aber ich war mir nicht sicher, ob es schon genug stark war, um es einen Schmerz nennen zu dürfen. Niemand hat mir doch gezeigt, wann, bei welchem Grad, welcher Stufe ein wahrer Schmerz beginnt. Ich hätte es gerne ausprobiert, jemandes anderen Schmerz gefühlt – der sich schon Schmerz nennen durfte, um es mit meinem vergleichen zu können und dann so zu erfahren, ob meine Sache doch schon schmerzlich ist oder ob ich wirklich nur ein übersensibles, wehleidiges Mädel bin, das nichts aushält. Ich lernte mich für meinen Schmerz zu schämen, ihn zu verstecken. Nur alleine, zwischen meinen vier Wänden, konnte ich zu meinen Wunden stehen, sie versorgen und pflegen. Und der Schmerz wurde immer stärker – von Mal zu Mal oder aber ich wurde immer wehleidiger. Ich wand mich, quälte mich, dachte oft, ich halte, ertrage es nicht mehr ... aber war es schon genug schmerzlich? Durfte ich schon klagen, mich beschweren?

Wahrscheinlich diese Sehnsucht, den Schmerz der anderen zu erfahren, um sich selbst zu helfen, zu wissen, sich zu erlauben, wurde mir Zeit meines Lebens zum „Verhängnis". Durch meine Entwicklung und Arbeit an meiner Heilung merkte ich, dass viel von dem Schmerz und Leid, das ich erlebte, gar nicht meinen waren. So wie ich mir insgeheim wünschte, aber nicht dachte, dass es möglich war, übernahm ich unbewusst Informationen von fremdem Schmerz, um diesen bei mir auszuleben, zu erfahren, wahrscheinlich zu begutachten, zu vergleichen. Selbstverständlich hatte ich keine bewusste Ahnung davon. Erst später, wie ich schon mit meinen Klienten arbeitete, konnte ich ihre Blockaden, Verschmutzungen und Schmerzen am eigenen Leibe bewusst spüren und lesen, von meinen eigenen unterscheiden. War es dann soweit? Konnte ich endlich vergleichen? Wie denn? Meine Erfahrung war, dass solche Dinge, die ich bei meinem Klienten als Schmerz wahrnahm, er selbst selten im Stande war zu spüren. Ich litt für ihn, trug manchmal stundenlang seinen Schmerz, seine Beschwerden und Ängste in mir, lebte das aus, dessen er sich gar nicht bewusst war. Wieso denn auch?

In meinem Buch „Erwachen im MenschSein – Das Experiment" philosophiert Jan zu ähnlichem Thema[5] folgendes:

„Die Menschen scheinen einen Weg gefunden zu haben, nach dem ich jahrelang gesucht habe. Wenn es wirklich so

5 *Aus dem Buch „Erwachen im MenschSein – Das Experiment", Teil II*

stimmt, wie es Klara sagt – oder wie ich sie verstehe – ist es einem Menschen, der außerhalb meiner Welt lebt, möglich, seine Ängste, seine Trauer, seine Zweifel und Sorgen nicht zu spüren, nicht wahrzunehmen. Für mich ist es ein Wunder. Klara meint aber, dass dies keine wirkliche Heilung, sondern eine Selbstlüge ist. Sie meint, dass all diese Emotionen unter der Oberfläche des Menschen, in seinem tiefen Inneren sind – lauern, wo er bewusst keinen Zugang zu ihnen hat. Das kann ich nicht ganz verstehen. Entweder sind sie da oder nicht. Wenn sie der Mensch nicht spürt und wahrnimmt, also nicht über seine Angst Bescheid weiß, dann gibt es diese Angst, meiner Meinung nach, für ihn nicht. Wo ist dann das Problem? Wieso sollte er irgendwo nach irgendeiner versteckten Angst suchen, so wie es jetzt Klara bei sich macht? Wozu muss sie sogar die Angst suchen? Sie meint wieder, dass die Angst nicht ganz weg ist, sie arbeitet unbemerkt unter der Oberfläche, nur man fühlt sie zuerst nicht, unterdrückt sie, leugnet sie. Na und? Aus den Augen, aus dem Sinn – was soll daran verkehrt sein? Die Welt der Menschen scheint für mich sehr unlogisch und unbegreiflich zu sein. Wieso nur sollte man sich bemühen, Ängste anzuschauen, die man gar nicht hat?"

Meiner Meinung nach lernt der Mensch mit der Zeit seinen Schmerz auszuschalten, ihn irgendwo hin zu verschieben, wo er nicht lästig ist, in eine Körperecke einzusperren, auf die er glatt verzichten kann, die er nicht so dringend für seinen Job, sein Funktionieren braucht. Ein Mensch ist fähig, sich einen richtigen Panzer, eine Elefantenhaut zuzulegen, um sich selbst vor dem eigenen und dem Schmerz der anderen zu schützen, unempfindlich zu machen.

Hatte ich also die gewünschte Information – wenn ich Schmerz von anderen spürte, der für sie aber in der Auswirkung nicht vorhanden war? Hatten sie selbst ein Problem, wenn ich eine Blockade bei ihnen feststellte und ihnen selbst dieser ausgeblendete Körperteil nicht fehlte und sie keinen Schmerz wahrgenommen haben? Irgendwie schon, sonst wären sie nicht zu mir gekommen, sonst hätten sie nicht nach einem Rat, einer Heilung gesucht. Irgendetwas stimmte nicht, sie fühlten sich nicht wohl, nicht heil. Wie sollten sie auch?

Mancher Mensch hat sich (un)bewusst absichtlich auf einen Kompromiss eingestellt, arrangiert, Abschläge in Kauf genommen, einen persönlichen Tausch vereinbart – Lunge gegen Leber, Schilddrüse gegen ein Stück Darm. Braucht ein Pressesprecher eine Leber, wenn er aufgrund von seinem Job und der Dauererklärungen hauptsächlich seine Lunge beansprucht? Wo soll der geschluckte, unterdrückte Ärger über bestimmte Fragen, Aggression der Reporter und eigene Aussagen, die man selbst kaum vertreten kann, hin, wenn man stets stoische Ruhe und Sicherheit bewahren, vermitteln muss? Diese unterdrückte Energie würde sich höchstwahrscheinlich in Form einer Blockade als verdichtete Energieinformation in der Lunge festsetzen und dort Unbehagen, vielleicht zeitweilige Atemnot in

Stresssituationen verursachen. Die Lunge könnte nicht mehr auf die volle Kapazität zugreifen, was sich in einem schwächeren Auftritt äußern könnte. Dieses wiederum wäre für viele schadenfrohe Reporter ein gefundenes Fressen. Sie würden dahinter eine Unsicherheit oder eine gesprochene Lüge wittern – was man sicher um jeden Preis vermeiden wollte. So ist es nur logisch, dass der Mensch, gefangen in einer unerwünschten, unangenehmen Situation nach einem Ausweg sucht und eine Schublade (er)findet, wo er all das, mit dem er nichts anfangen kann, in diese verstaut und fest verschließt. Im Falle des Pressesprechers könnte sich vielleicht die Leber ganz gut dafür eignen – so lange er nicht zu viel Alkohol trinkt oder zu viele Gifte zu sich nimmt. Ist die Schublade mit aggressiver Information überfüllt, droht sie zu explodieren. Das darf nicht passieren, zumindest nicht während der Arbeit, nicht in der Öffentlichkeit. Wenn der Pressesprecher „Glück" hat, bekommt er ab und zu die Möglichkeit, die angestaute Wut und Aggression, ob seine eigene oder fremde, loszulassen und die Schublade ein wenig zu entlasten. In vielen Fällen geschieht es zu Leiden der eigentlich geliebten Menschen, Familienmitglieder, in deren Gegenwart man sich wohlfühlt und entspannen kann. Warum? Entspannung heißt die Kontrolle für einen Moment vergessen, loszulassen – und das bedeutet: Die Schublade hat in diesem Moment keinen festen Verschluss! Steht sie unter Druck, öffnet sie sich explosionsartig (solche Ausbrüche beschrieb ich in meinem Buch „Erwachen im MenschSein" – wo die friedvolle Klara wegen Kleinigkeiten, wegen nichts plötzlich zu toben anfängt) und lässt alles raus, was an die Oberfläche drängt:

„Jans Ruhe forderte Klara jedesmal heraus. Sie sah in diesem Moment durch die Linse längst vergangener Erfahrungen mit Menschen, von denen sie sich ausgelacht, verletzt und im Stich gelassen fühlte. Sein verständnisvolles Lächeln fühlte sich für sie an, als würde er sie gerade auslachen. Sie empfand ihn als präpotent, rücksichts- und gefühllos, barbarisch, einfach zum Kotzen. Und ohne Scham spuckte sie all diese Empfindungen, die mit ihm eigentlich nichts zu tun hatten, auf ihn aus. Sie geriet in Rage – sie konnte und wollte in diesem Ausbruch mit den Beschimpfungen und Vorwürfen nicht aufhören und … währenddessen beobachtete sich ein Teil von ihr selbst, der sich über die gerade dargebotene Vorstellung vor Lachen auf dem Boden hätte wälzen können. Eine unheimliche Spaltung und Situation. Trotz des beobachtenden, neutralen Teiles musste sie weitermachen. Einigermaßen schon bei Verstand, konnte sie sich nicht vorstellen aufzuhören und Jan – wieder bei Sinnen – in die Augen zu schauen.“[6]

…

„Jan sah auf einmal das Bild von schreienden, blutenden, wütenden, sich verletzenden Farben vor sich. Ein Gemetzel aus rot, dunkelrot, feuerrot und noch mehr rot. Er gab auf. Unbewusst entschloss er sich, ihr

6 *Aus dem Buch „Erwachen im MenschSein – Das Experiment“, Teil II*

zu helfen. Sein Gesicht schaltete auf eine unschuldige Miene und seine Stimme fragte in einem sanften Ton: „Darf ich dir Tee einschenken?" Mit diesem Satz war seine Arbeit getan, er hatte den Vulkanausbruch endlich gestartet. Die rote Wulst explodierte vor seinen Augen. In Lichtgeschwindigkeit schossen die rötlichen Töne in alle Richtungen und übersäten die gesamte Umgebung mit stacheligen, glühenden Funken, die alles, was ihnen in den Weg kam, zu verbrennen suchten. „Du! Du musst immer fragen! Warum kannst du mir nicht einfach einschenken? Du spielst hier immer den Höflichen, den Rücksichtsvollen … Wie lächerlich! Wen interessiert schon eine Tasse Tee!? Wen interessiert schon, ob sie leer oder voll ist? Gibt es keine wichtigeren Dinge? Wenn du so ein Samariter bist, warum sperrst du dich stundenlang in dieses blöde Zimmer und warum siehst du nicht, warum fühlst du nicht, wie schlecht und wie schwer es mir geht?! Ha?!! Ja, ja. Dafür bist du zu blöd. Klar, du hier in deiner künstlichen Welt kannst auch keine Ahnung haben, was ein richtiger Mensch ist, was in ihm vorgeht, was ein wahres Leben ist! Du hockst schon seit einer Ewigkeit da und glaubst, das Ei erfunden, die Wahrheit gefressen zu haben. Du! Gerade du hast keine Ahnung, das sage ich dir! Du bist nichts und niemand! Du bist nur ein Experiment, nichts weiter. Was weißt du schon von Frauen? Was weißt du schon von Kindern? Was weißt du schon vom Gebären? Wie kannst du mich je verstehen, wissen, was in mir vorgeht, was ich brauche? Du! Du bist immer mit allem zufrieden. Ja, klar! Dir kann ja auch in deiner Welt nichts geschehen. Du hast keine Ahnung von Verantwortung, von Sorgen, vom Kampf ums Überleben. Du weißt nicht, wie es ist, einen Menschen zu verletzen oder verletzt zu werden. Was will ich eigentlich von dir? Warum bin ich eigentlich da? Was willst du schon diesem Kind geben können? Du willst ein Vater sein? Ha, dass ich nicht lache! Was weißt du denn von der Ernsthaftigkeit des Lebens? Du glaubst nur, du bekommst einen weiteren Spielkameraden – das ist alles, was du glaubst! Ach, was … warum verschwende ich eigentlich meine Energie und meine Kraft, von der ich im Moment sowieso nicht genug habe, um dir irgendwas zu erklären? Du kannst es sowieso nicht verstehen. Geh nur in dein Spielzimmer … Geh! Geh und lass mich in Ruhe! Ich kann dein zufriedenes Gesicht nicht ertragen. Geh! Verschwinde!" Die Lautstärke der letzten Worte überstieg die Möglichkeiten Klaras Stimmbänder. Die schrille Tonlage und die Aggression ließ die mittlerweile kräftige Stimme wieder versagen. Die ganze Situation, wäre sie nicht so ernsthaft gewesen, wirkte sehr grotesk. Statt der letzten Worte kam eigentlich nur ein schrilles Quietschen aus dem dunkelroten Gesicht heraus. Die mittlerweile kaltblau gewordenen Feuerfunken am Rande des Bildes – die noch immer vor Jans Augen tanzten – verbrannten alles. Das Gemälde war leer und kalt, nur in der Mitte tropfte der tiefe Schmerz aus

> *Klaras Herzen. Dunkelrote, schwere Bluttropfen liefen aus dem Bild direkt auf den Fußboden, während sie selbst, überzeugt in ihrem Recht, aus der Küche stürzte und sich im Schlafzimmer einsperrte.“*[7]
>
> Selbstverständlich, die von so einem überraschenden Wutausbruch betroffenen Menschen kennen sich meistens selbst nicht aus, was da gerade geschieht. Das Umfeld steht hilflos der Aggression und dem Angriff des geliebten Menschen entgegen und der Mensch selbst versteht sich auch nicht. Mit der Zeit lernt er möglicherweise diese Ausbrüche als einen Teil von ihm, als eine Eigenschaft, eine Macke zu akzeptieren.

Alleine die Bewusstheit darüber, dass Energie etwas ist, das gerne fließt und geballt, bzw. gebunden, gefangen andauernd nach einer Möglichkeit der Befreiung, um wieder fließen, sich entfalten zu können, sucht, würde einem schon helfen zu verstehen, was geschieht.

Macht ein sich der „Sache“ unbewusster Mensch schlechte Erfahrung mit dem Ausleben der Explosion, der Befreiung, weil er von der Umgebung verurteilt wird oder seine geliebte Ehefrau Angst vor ihm hat, kann sie mit solchen Zuständen des Ehemannes nicht leben, sie nicht ertragen, droht diese, für ihn so wichtige Beziehung zu zerbrechen (ist ja der

7 *Aus dem Buch „Erwachen im MenschSein – Das Experiment“ , Teil II*

Katalysator), zu Grunde zu gehen, erfindet etwas (in ihm) einen neuen Trick. Ich glaube, wir sind fähig, unbewusst nicht nur die Schublade in der Leber zu kreieren, wir sind auch fähig (sind wir doch kreative Naturen und die Kreativität kennt bekanntlich keine Grenzen) unseren Energiefluss von der Leber abzuleiten – damit es die Schublade nicht mehr berührt, damit sie nicht mehr explodieren kann. Ist es zu unsicher oder haben wir beispielsweise schon den größten Teil unseres Unterkörpers zu einer Lagerhalle, einem Mistplatz erklärt (wer braucht schon den Unterkörper?), verschieben wir uns einfach aus unserem Unterkörper in den Oberkörper (erinnern sie sich an die Geschichte mit dem steigenden Schlamm in meinem wunderschönen Haus, von einem Stockwerk in das Nächste?[8]) rüber und funktionieren nur noch aus diesem heraus und lassen (selbstverständlich meistens unbewusst) nur die wirklich notwendigsten Informationen und Energien nach unten, und von unten nach oben, fließen. Wie soll dann eine Frau z.B. ihren unerlösten Schmerz in ihrem Unterleib spüren, wenn in ihrem Bewusstsein der Unterleib gar nicht mehr existiert? Droht das Becken, der Unterleib ins Bewusstsein zu kommen, z.B. durch eine neue Partnerschaft, – muss sich der Schmerz automatisch auch melden – also denkt sich irgendetwas in einem: Finger weg von einer neuen Beziehung, vom Sex und von allem, was die Büchse der Pandora öffnen könnte. Selbstverständlich war es hier mit der Lunge und der Leber, bzw. dem Unterleib, nur ein Beispiel. Ich meine, es gibt unzählige,

8 Kapitel 2 dieses Buches – „Die Flut“

individuelle Kombinationen an Blockaden, Begrenzungen und Energieumleitungen. Der Körper ist groß, man kann sich richtig austoben. Wir sind erfinderisch!

Aber wie ist es, **sind wir dann schon krank, wenn wir solche Schubladen und Umleitungen haben?** Müssen wir uns schon heilen?

Ich nenne es – man ist VERRÜCKT!

Man ist ver-rückt, also aus seiner Mitte, aus dem idealen Zustand verschoben, in dem der Körper und sein Energiesystem nicht mehr optimal funktionieren kann. Man ist dadurch gezwungen, um die Ecke zu denken, zu fühlen, wahrzunehmen. **Vieles ist durch die Blockaden und Begrenzungen bedingt verzerrt, verschoben, verschleiert, schwer wahrnehmbar, erreichbar, zu verstehen.** Man muss sich sprichwörtlich mit Hand und Fuß verständigen, sie zur Kommunikation zu Hilfe rufen. Ein Beispiel: Ist man von einem Teil seines Unterkörpers getrennt – kann man stundenlang locker in den Wolken schweben, die besten, bahnbrechendsten Ideen haben, aber man bringt sie schwer runter, auf den Boden. Man kann sie schwer oder nur mit viel Mühsal umsetzen, realisieren. Irgendetwas fehlt. Eine bestimmte Kraft, die es real, fassbar werden lässt. Man muss zu Alternativen und Hilfsmitteln greifen. Man braucht jemanden, der diese Umsetzung für uns vollzieht, der auf dieser Ebene zu Hause ist. Die Problematik ist: Wie drücke ich mich aus, wie teile ich mit diesem Menschen meine Idee, meine Absicht, meinen Plan? Kann er mich verstehen, was und wie ich es meine? Ohne optimalen Energiefluss kommen auch die besten, bahnbrechendsten Ideen in vielen Fällen als holpriger, fantasiereicher Wortschwall zu dem Zuhörer rüber. Erstaunt beobachtet er unseren Enthusiasmus, unsere Begeisterung und kann nicht verstehen, was an der Idee so toll sein sollte. Unglücklich versucht man die Idee zu retten, noch mehr zu erklären, das Gegenüber zu begeistern – und ... es kommt immer mehr Holpertatsch raus. Der Gesprächspartner wird müde, will nicht mehr, hält uns für verrückt. Und? Er hat erstaunlicherweise Recht. Man ist wirklich verrückt. Verrückt, verschoben, blockiert, aus seinem Körper (oder einem Teil) ausgesperrt. Bitte nicht falsch verstehen – es heißt nicht, dass der andere es auch nicht ist! Was glauben sie, wie viele Verrückte von uns in dieser Welt herumlaufen?

Und noch einmal zurück zum Thema. **Ist man krank, nur weil man „verrückt" ist?**

Das Problem ist, wir benutzen in dieser Welt so viele Worte, die wir selbst gar nicht verstehen – und bleiben bei diesen selten nachdenklich stehen, um selbst nachzuspüren was wir eigentlich sagen. Wie schon an dem Begriff „Schmerz" gezeigt, handelt sich um ein scheinbar irrationales, frei und individuell auslegbares Wort. Jeder kann die Buchstabenreihenfolge mit seinem eigenen Inhalt füllen. Der Inhalt hängt meistens von der Programmierung durch unsere Mütter, unsere Eltern bzw. unser Umfeld und unsere individuelle Erfahrung damit ab.

Möglicherweise lernen wir das für den Schmerz zu halten, was unsere Mutter für Schmerz gehalten hat – aber ist es wirklich so? Ist es nicht eigentlich nur unsere eigene, noch durch „kindliche" Wahrnehmung programmierte Vorstellung davon, was die Mutter als Schmerz empfunden hat?

Warum sollte es mit den Worten „Gesundheit", „Heil", „Krankheit" anders sein?

Neutral gesehen sind es genauso nur frei zusammengereihte, kombinierte Buchstaben, die eine Plattform darstellen, um sie mit einer persönlichen Information, eigener Vorstellung, Bild, Gefühl, Erinnerung und Erfahrung zu füllen. Jedes Wort in dieser Welt, das aus unserem Mund kommt, ist wie ein kleiner Speicherchip, dem unzählige individuelle Informationen beiwohnen. Und wir neigen zu glauben, während wir gemeinsam Unmengen an diesen Chips wahllos austauschen, dass wir uns gegenseitig verstehen, dass wir die gleiche Sprache sprechen. Wir schauen uns wissend an, bejahen, verneinen, diskutieren, kommunizieren und denken zu wissen, was der andere gesagt, was er gemeint hat. Wir glauben, dass wir verstanden worden sind oder verstanden werden können – nur wenn wir die richtigen Worte oder den richtigen Zuhörer finden. Noch einmal die gleiche Frage – sind wir nicht verrückt?

Also, ich glaube, **wenn wir uns heilen wollen, wenn wir nicht mehr Schmerz, keine Beschwerden mehr haben wollen, wenn wir statt krank gesund sein wollen, müssen wir**

uns zuerst selbst bewusst werden, was wir damit meinen. Bin ich wirklich krank oder glaube ich nur krank zu sein, weil es sich als krank anfühlt oder weil ich dieses Gefühl als „krank" zu identifizieren gelernt habe. Wenn ich das Wort „krank" weglasse, weil ich es eigentlich nicht verstehe, nicht nachvollziehen, nicht durchschauen kann – wie würde ich sonst meinen Zustand beschreiben? Welche Worte würde ich sonst noch benutzen? Was ist mit mir los? Fehlt mir etwas? Drückt mich etwas? Fühle ich mich verschoben? Unklar? Verwirrt? Zwickt? Brennt? Friert? Zuckt? Tut es weh? Kann ich nicht atmen, essen, ausscheiden? Schmeckt nicht, macht keinen Spaß, geht mir auf die Nerven, interessiert mich nicht? Bin traurig, hilflos, hoffnungslos, aufgegeben? Fühle mich alleine, ausgeliefert, ohnmächtig, verloren, unverstanden? Ist niemand da, um mir zu helfen, mich zu trösten, stärken, kräftigen? Haben die Ärzte gesagt – meine Werte sind im Eimer? Organinsuffizienz? Habe ich ein gebrochenes Bein, Herz? Wurde ich verletzt, ausgelacht? Kann ich mich nicht rühren, von der Stelle bewegen? Ist alles zu schwer, zu unverständlich? Frustriert, matt, lasch, ausgelaugt, unlustig, schwach, zittrig, energielos …

Viele, viele Worte. Einfache Worte, die man besser verstehen kann, durch die man sich ein besseres Bild über die eigene Verfassung machen kann. Wenn ich erkenne, dass ich traurig bin, dass mich etwas zwickt oder drückt, frage ich mich dann auch, ob ich mich heilen soll? Oder frage ich mich stattdessen, was kann ich tun, damit ich nicht mehr traurig bin, damit ich das unangenehme Zwicken los werde, nicht mehr unter Druck stehe?

Was ist meine persönliche Einstellung? Bin ich lieber krank und will nicht wissen, was sich dahinter verbirgt? Gehe ich dorthin, wo ich damit am besten aufgehoben bin – ins „Kranken-Haus“, und überlasse ich alles den Fachkräften, die sich scheinbar mit der Krankheit auskennen – oder ... schaue ich lieber in mich hinein, um zu erfahren, was mir fehlt, was mich bedrückt, was ich brauche, möchte, will, soll, kann ...

Verwirrung ist, dass der Ausdruck „Krankheit“ in der heutigen Zeit ein Versprechen der Heilung, das von außen herbeigeführt werden kann, macht. Wenn ich meinen Zustand mit den einfacheren Worten anschaue, erkenne ich, dass ich in vielen Fällen nur selbst etwas tun kann. Und ...

... **wollen wir es wirklich so haben – in eigener Hand?**

Der Körper als Fahrzeug

Ob robust oder zierlich, mit viel PS oder weniger Power, Cabrio oder ein Combi, ein Motorrad oder sogar ein LKW, bewährtes Serienmodell oder ein individuell gefertigtes Unikat – unsere Körperausstattung und -beschaffenheit, sowie seine Funktionalität unterscheiden sich meiner Meinung nach auf einer bestimmten Ebene nicht weniger voneinander wie die Fahrzeugpalette auf dem Markt. So wie all die Fahrzeuge zumindest eine gemeinsame Funktion haben, so haben unsere Körper zumindest eins gemeinsam – abgesehen von der Ausstattung und Stärke, ob schon gebraucht oder gerade frisch aus dem Produktionsband, bietet uns der Körper eine Zentrierung, Verankerung und Erfahrungsmöglichkeit hier auf der Erde, in der physischen Ebene. Ich glaube, es ist ein funktionelles Instrument, von dessen Beherrschung und Ausstattung unsere Wahrnehmung und unser Erleben dieser Welt und von uns selbst in gewisser Weise abhängt.

Brauche ich einen Körperführerschein? Sicher wäre es eine interessante Novität in unserem Zeitalter, Schulen zu haben, in denen wir lernen könnten, mehr Bewusstsein für unseren Körper und den Umgang damit zu bekommen. Nein, meiner Meinung nach kann es kein allgemeines Benutzerhandbuch geben, weil wir alle so individuell sind. Eine Anleitung, Hilfestellung, wie man sich selbst mit dem eigenen Fahrzeug am besten bekannt und vertraut macht, auseinandersetzt, es bewusst als einen hilfreichen Freund und nicht als eine lästige Behinderung einsetzen lernt – wäre allerdings hilfreich.

Der irrtümliche Gedanke, dass es ein optimales Maß für jeden unserer Körper gibt, dem wir uns annähern sollen, dem wir meistens bewusst oder unbewusst nacheifern, um in der gesellschaftlichen Vorstellung ein gutes Bild abzugeben, verursacht schon selbst einige Blockaden und Funktionsstörungen, die uns das Leben schwerer machen als notwendig. Es ist so, als hätten wir uns am Anfang unseres Lebens für ein Motorrad entschieden, um in einem engen, unwegsamen Gelände schneller und flinker, manchmal sogar zu Fuß und mit Schieben voranzukommen und jetzt, weil sich alle um uns in ihren zweispurigen Limousinen durch den Regen, in einer bequemen Geschwindigkeit und mit provozierend entspannter Miene, kutschieren … wollen wir unbedingt aus unserem treuen Motorradgefährt mit wenigen Handgriffen ein vorzeigbares Auto haben. Manchen gelingt es sogar teilweise, durch erzwungenen Umbau das Fahrzeug den Vorstellungen einigermaßen anzupassen – aber dann kommt plötzlich die unwegsame Gegend und alle, die vier Räder und das Dach über dem Kopf haben, bleiben vor der Tür stehen, müssen entweder aussteigen und langsam zu Fuß weiter oder umdrehen. Nur wenige probieren die unwirtliche Landschaft, weil verwöhnt durch gleichmäßige Temperatur und immer optimalen Bewegungskomfort würden sie ohne Heizung, Klimaanlage, Tempomat, GPS, ABS nicht sehr weit kommen, würden sich leicht verlieren. Das ganze Leben bereits im Sattel, ist man die unterschiedliche Witterung gewöhnt. Man übte sich, ob im Straßenverkehr, Landstraße oder sogar Motocrossgelände aus. Man ist gegen Schlammspritzer, Regen, Wind und Sonne resistent, kennt sich auch in den steilen Abfahrten und „Todeskurven" aus. Klar, manchmal geht es einem auf die Nerven, wenn die Lebensphase durch viele, viele hundert Kilometer einer leicht durchschaubaren Ebene entlang, auf einer breitspurigen Autobahn fährt. Man würde sich auch gerne zurücklehnen, den Tempomat einschalten, Musik hören oder den Geist durch alle Ecken der Welt träumen lassen ...

Wenn man sich mit dem eigenen Fahrzeug versöhnt, die Ausstattung, das Serienmodell, das man in die Wiege gelegt bekommen hat, annimmt – kann man es dann zumindest tunen? Kann man es optimieren, modernisieren? Aufgrund meiner eigenen Erfahrung kann ich dazu sagen: Nicht nur dass man es kann, irgendwo passiert es, entsprechend unserer Entwicklung, Erfahrung, des Bewusstseins und der Heilung fast automatisch, fast wie von selbst.

Man kann es sich so vorstellen: Für die ersten Schritte ins Leben ist unser Motor und das Gaspedal angepasst (aus bestimmter Perspektive gesehen – ist die Leistung sozusagen gedrosselt), ab einer gewissen Geschwindigkeit gesperrt. Wir haben nur einen Gang zur Verfügung – was vollkommen ausreicht – müssen noch nicht schalten, viele Funktionen, die wir schon mit im Gepäck haben, sind blockiert. Wir wissen meistens nichts davon, sind doch mit dem Üben der Schritte beschäftigt und auch später wäre es wahrscheinlich eine viel zu große Versuchung und Ablenkung. Wir lernen sicher mit dem zu fahren, was wir bereits zur Verfügung haben. Erst wenn wir gewisse Strecken, eine gewisse Anzahl von Fahrstunden absolviert haben, wenn der „Führerschein“ für das Vorhandene ausgestellt worden ist, dann kommt ein etwas schwierigeres Gelände auf uns zu, für das wir den nächsten Gang brauchen. Die Schaltung wird freigegeben, Nebelscheinwerfer sowie der Rückwärtsgang aktiviert – und wir lernen auch mit diesen „Erneuerungen“ zu fahren. Haben wir alle Stufen der Gangschaltung gemeistert, könnten wir eventuell, wenn es in den Lebensplan passt, auf die Automatik umsteigen, bis wir vielleicht eines Tages eine Entwicklungsstufe erreicht haben, wo sich unser Körper wie ein Amphibienfahrzeug jeder Umgebung, jedem Wetter voll automatisch anpasst – wir können uns entspannen, dem Gefährt „blind“ vertrauen und uns anderen Aufgaben widmen.

Also, der Körper ist wie ein Fahrzeug …

Wir sitzen darin, bestenfalls haben wir das Lenkrad, die Steuerung selbst in der Hand. Manche Experten scheinen jedoch auch in der „Wirklichkeit“ im eigenem – echten – Fahrzeug lieber am Beifahrersitz zu sitzen und sich von jemandem anderen lenken, durch die Gegend fahren zu lassen, bevor sie selbst die Hand aufs Steuer legen. Schwieriger ist es dann, wenn sich so ein Verhaltensmuster auf das eigene Energiesystem überträgt. Dann braucht man selbstverständlich und logischerweise jemanden, der einen fährt bzw. führt, steuert. Wer kann es wohl sein in so einem Fall? Die Mutter, die Ehefrau, der Ehemann, der Chef in der Firma, die Regierung, die Medien, ein „Guru“ …? Es findet sich immer jemand, der es besser zu wissen scheint, wo es lang geht und/oder die Lenkung für einen gerne übernimmt. Man braucht nur auf den Autopiloten umschalten, die richtige „Funkfrequenz“ finden und schon fährt man eine Route, die jemand anderer vorgegeben hat – aber! … ist unser Fahrzeug auch für diese Strecke geeignet? Wenn wir schon die Verantwortung für unser Weiterkommen, Fortkommen jemandem anderen überlassen haben, haben wir auch die Geländetauglichkeit geprüft? Haben wir Winterreifen für die beschneiten und frostigen Strecken in unserer Ausrüstung? Haben wir genug Sprit für tankstellenlose Gebiete mit oder droht, dass wir mitten in der Wüste hängen bleiben und verdursten? Haben wir geprüft, ob unser Lotse auf uns in so einem Fall wartet, uns abholt, großzügig eine Reparatur organisiert oder ein Ersatzfahrzeug anbietet?

Noch einmal …

… eigentlich sind wir nicht das Fahrzeug selbst, sondern der Fahrer. Seit unserer Geburt ist die Beschaffenheit des Fahrzeuges, sowie seine Wandlungsfähigkeit für unseren Weg, den wir vor uns haben, abgestimmt. Wahrscheinlich werden die Qualität und die Ausstattung des Körpers – Fahrzeuges – durch die Gene einigermaßen bestimmt, also suchen wir uns möglicherweise Eltern aus oder werden wir aufgrund des Anziehungsprinzips von Eltern angezogen, die in sich einiges davon tragen, das wir als Instrumente für unseren Weg durch die physische Welt brauchen werden. Aber nicht nur das. Vieles bringen wir selbst mit und bauen es in das Fahrzeug ein. Hinweise, Botschaften, Pläne, Wegkarten. Deswegen denke ich, bestimmte Eltern zu bekommen, bestimmte Körpermerkmale und Verhaltensmuster von ihnen zu erben (wie unpassend sie zuerst auch erscheinen) kein Fluch ist, sondern die Fahrschule, der Fahrplan – das ist unsere gewissenhaft ausgesuchte Wahl. Gleicht der Körper unserem Elternteil, vielleicht einem gemütlichen Familienkombi, könnte es sein, dass wir es uns ausgesucht haben, in unserem Leben nichts zu überstürzen, um sich in einem gleichmäßigen, sicheren Schritt zum Ziel hinzubewegen. Oder haben wir es auch als eine Herausforderung gewählt, um sich von der scheinbaren Gemütlichkeit nicht einschläfern, nicht in der Sicherheit wiegen zu lassen, die Illusion der Trägheit des Körpers durchschauen und trotz der Schwerfälligkeit des Fahrzeuges lernen, sich mit Leichtigkeit und Freude vorwärtszubewegen, bis sich das Auto, wie von Zauberhand, durch unsere Einstellung unserem Gemüt anpasst und zu einem luftigen, gelenkigen Cabrio wird. Jedem das seine. Wie schon erwähnt, man kann nicht pauschalisieren ... Wenn zwei Menschen zwei gleiche Fahrzeuge haben, heißt es noch lange nicht, dass sie die gleiche Strecke vor sich haben. Eine Mutter präferiert einen Combi, um ihre Kinder sicher in die Schule fahren zu können und um für die regelmäßigen Großeinkäufe genug Stauraum zu haben, ein Weltenbummler entscheidet sich für das gleiche Gefährt, um mit seinem Hund gemütlich durch die Gegend zu fahren, und ein Automechaniker könnte dieses Fahrzeug ersteigern, um es mit mehr Power auszustatten oder in eine atemberaubende Limousine zu strecken, und ein Rallyefahrer wählt diesmal einfach nur deswegen, weil er seine Strecke mit so einem Fahrzeug noch nie gefahren ist und das Bekannte, schon Befahrene aus einem neuen Blickwinkel, mit einem neuen Feeling kennen lernen will.

Ein Fahrzeug (auch Körper) besteht aus unzähligen Teilen, die miteinander kooperieren müssen, damit man „weiterkommt".

Reißt so etwas Einfaches und Preisgünstiges wie ein Keilriemen, ist es mit der Fahrerei zumindest bis zum Flicken oder Austausch aus und vorbei. Was ich damit sagen will? Es gibt in einem Fahrzeug eine Vielzahl an spektakulären Features, nach denen man Ausschau hält, die sehr teuer sind, die dem Auto eine persönliche Note verleihen. Kaum jemand schaut beim Autokauf nach so etwas Banalem wie einem Keilriemen nach. Bei den meisten Ottonormalverbrauchern kommt dieses Ding erst dann ins Bewusstsein, wenn er reißt und man ohne große Vorwarnung plötzlich stehen bleibt oder wenn der Motor von heute auf morgen gar nicht anspringt. Eine lästige Lappalie, welche, wenn erkannt, sogar mit einem Damenstrumpf als Ersatzriemen kurzfristig behoben werden kann. Ich bin zwar kein Autoexperte, aber ich kann mir die Funktion des unscheinbaren Keilriemens so vorstellen, dass es zwei wichtige Teile miteinander verbindet, damit die Kraft des Motors in die Bewegung des Fahrzeuges umgewandelt werden kann. Ist der

Riemen nicht optimal justiert, gespannt, ist er um eine Winzigkeit zu locker, verliert sich die Kraft des Motors und man fährt bald nur mit halber Drehzahl. Merken wir, dass uns die Luft ausgeht? Dass wir nicht genug Energie und Power haben und dabei als erstes auf Aufbau von zusätzlicher Kraft denken, statt zu schauen, ob die vorhandene optimal genutzt, umgesetzt wird, ist es so, als würden wir unserem PKW einen zweiten Motor einbauen, obwohl es reichen würde, nur den Keilriemen nachzuziehen?

Was heißt das Ganze – ohne Autosprache – konkret für uns und unseren Körper, was hat es mit der Heilung zu tun?

Ich bediene mich noch für einen kurzen Augenblick des suspekten Wortes „Krankheit“, das so geläufig ist, und frage noch einmal:

Kann ich krank werden? Oder ist es nur mein Fahrzeug, das kränkeln kann? Und was macht den Körper eigentlich krank?

Die Symbolik der Autosprache noch einmal zu Hilfe gezogen, kann man anfangen zu grübeln, was so eine Blechdose, mit vielen Teilen und einem Motor drin, krank machen kann. Man fühlt, dass hier dieses Wort „krank“ oder „Krankheit“ ziemlich daneben ist. Jedem wird hier eher einleuchten, dass ein Auto verschiedene Gebrechen, Verschmutzungen, Beulen, Abnutzungserscheinungen haben kann. All dies macht es längst nicht krank. Der Rost, der Verschleiß, die unharmonische

Zusammenarbeit der einzelnen, aus dem Lot geratenen Teile macht es zwar nicht gerade zu einem Vorzeige- oder einem Rennfahrzeug, und wir können es manchmal gar nicht mehr anschauen, aber trotz allem ist es wichtig, dass wir uns bewusst werden, dass es aus irgendeinem Grund in diesem Moment gerade das optimale Fahrzeug ist, das wir für unsere nächsten Schritte brauchen – wie seltsam es auch klingen mag. Ich bin überzeugt: Wäre es notwendig, dass wir eins in einem Topzustand und mit einer Luxusausstattung haben, würde dann so eins in unserer Garage stehen. Wie kann es also sein? Wozu sollen wir ein rostiges, klappriges Element zur Verfügung haben? Ganz einfach – **im** Fahrzeug – **Körper steckt jedesmal eine Botschaft.** Wenn sie ein Auto ansehen und die rostigen, löchrigen Teile sehen, wenn der Keilriemen reißt, wenn die Instrumente ihre Funktion nicht mehr erfüllen, wenn der Tank leer ist, der Reifen platzt, dann wissen sie, was sie zu tun haben. Nein, sie können ihr Fahrzeug nicht verkaufen oder zum Schrottplatz fahren. Ihr Fahrzeug ist ihr Kapital, ihre Investition, ihr Lehrer. Haben sie selbst noch nie einen Reifen gewechselt? Dann kann man sich vorstellen, was für eine Lernmöglichkeit sich ihnen anbietet, was für ein Erlebnis, welche Erfahrung als nächstes bereit steht.

Kreuzung

Eine Wahl für etwas oder dagegen, also eine Entscheidung zu treffen, damit werden wir täglich konfrontiert. Wir stehen an einer Kreuzung und sollen den nächsten Schritt machen. Aber wohin, in welche Richtung, welchen Pfad nehmen? Welcher Weg ist der Richtige? Wenn wir uns trauen und losmarschieren und sich die Entscheidung als fehl zeigt, ist dann ein Rückweg möglich? Können wir dann eine andere Strecke nehmen, ausprobieren? Wenn ich in eine Sackgasse geraten bin oder mir ein scheinbar unüberwindbares Hindernis im Weg steht, was dann? Ohne zu wissen, wohin dieser und jener Weg führt, der sich in verschiedene Richtungen vor mir erstreckt, spüre ich, dass ich eine Entscheidung treffen muss, dass ich nicht eine Ewigkeit an der Stelle stehen und warten kann, bis jemand vorbeikommt, der beide Wege kennt und mir einen Rat gibt, für mich entscheidet, mich in die richtige Richtung, die ich mit Leichtigkeit durchspazieren kann, schickt. Und wenn er doch kommen würde, würde ich ihm dann vertrauen? Würde ich dann eher wählen können? Aber wer soll denn auch kommen? Es sind meine Wege! Kein anderer kann meinen Weg gehen, ausprobieren. Auch wenn jemand schon denselben gegangen ist, wird dieser für mich mein Weg sein, weil ich ich bin und ich mit dem Weg nur meine Erfahrungen machen kann. **Ein Weg, der für einen anderen der Richtige ist, muss nicht für mich die optimale Wahl sein.**

Also, wohin? Augen zu und einfach irgendwohin? Einfach durch, der Nase nach? Möglicherweise glaube ich genau zu wissen, habe diese eine Vorstellung, wo ich genau hin will und mein verzwicktes Problem ist, dass ich nicht weiß, welcher Weg von den zweien zu meinem Ziel führt? Oder ich habe auch keinen genaueren Plan, bin nur an einem Punkt angekommen, wo es nicht mehr geradeaus geht, wo ich plötzlich mehrere Möglichkeiten habe – was für ein Glück! … oder – die Qual der Wahl?

Einige versuchen den direktesten Weg zum Glück und/oder Liebe zu finden. Andere zur Erfüllung, viele zum Wohlstand und Reichtum und so manche „nach Hause" oder zu Gott. Viele von uns zittern bei jedem Schritt vor Sorge oder Angst – nur ein falscher Schritt und alles ist vorbei. Ist man dann für immer verdammt?

Ein glückseliger Zustand, denken vielleicht einige, wenn man am Punkt im Leben angekommen ist, wo es keine Entscheidungen mehr zu treffen gibt, wo alles automatisch, von sich selbst aus, passiert oder wo die Entscheidungen einem abgenommen werden. Man braucht nur gehorchen und tun oder geschehen lassen.

Was macht uns also krank?

Die falschen, fehlerhaften Entscheidungen, die wir in der Vergangenheit getroffen haben? Kann man überhaupt eine falsche Wahl treffen, die unwiderruflich ist?

Oder ist es der Druck, unter den wir uns selbst stellen und unseren eigenen Vorstellung von richtig und falsch? Eine Vorstellung, was wir brauchen, was für uns gut ist, wo wir hin müssen? Ist es nicht die Eile, die Verzweiflung, Sorge, Angst? Was ist mit dem Widerspruch, dem Konflikt in uns – was als das Richtige erscheint, und was wir als das Richtige empfinden? Was uns andere empfehlen, von uns erwarten …? Wenn wir spüren, das wir nach einer fremden Pfeife tanzen, einen fremden Weg gehen, darauf aus sind, fremde Vorstellungen, Erwartungen, Hoffnungen und Träume statt der unseren zu verwirklichen?

Heilung und spontane Heilung

In der Zeit meiner therapeutischen Praxis, sowie bei Vorträgen und Diskussionen mit Freunden und Bekannten, erwähnte ich immer wieder, dass die Heilung ein Prozess ist, der unsererseits Vertrauen und Geduld erfordert, sich nicht übers Knie brechen lässt und halt seine Zeit braucht. Es gab Klienten, die kamen zu einer Sitzung, weil sie von irgendwo gehört hatten, dass wir (ich und mein Mann) gut sind und glaubten, nach zwei Stunden und der „geopferten" Summe gehen sie beschwerdelos nach Hause. Das Wunder wäre vollzogen, sie wären geheilt und das war´s.

Die erste Sitzung war bei uns meistens kostenlos. Es wurde nur gesprochen und mit dem Klienten die möglichen Ursachen seiner Beschwerden erläutert. Aus dem wurde bald klar, dass es keine augenblicklichen Wunder geben wird, dass ihn „bei uns" ein zeitaufwändiger Prozess der Selbstschau erwartet. Enttäuscht suchten sich so manche einen anderen Spezialisten, der die erwarteten Wunder garantieren konnte. Einige von meinem Gegenüber argumentierten mit spontanen Heilungen, die nicht nur aus der Bibel und der Taten Jesu, sondern auch in unserer Zeit bekannt sein sollten. Also müsste es doch möglich sein. Ja, aber …

Was stellt man sich unter einer Spontanheilung vor? Einen Blinden, der plötzlich wieder sehen kann? Einen

Gelähmten, der auf einmal gehen kann? Einen Stummen, der seine Sprache wieder gefunden hat? Wären es nicht eindeutige Beweise einer Heilung?

In vielen Kirchen dieser Welt findet man Dankbriefe an die Heiligen, in denen solche Wunder dokumentiert sind. Also? Alles nur eine Farce? Nein, sicherlich nicht. Ich glaube auch, dass so etwas möglich ist; dass ein Blinder plötzlich sehen, dass ein Behinderter plötzlich gehen und ein Tauber wieder hören kann. Aber sind sie auch wirklich geheilt? War die Blindheit, Taubheit, Behinderung, Dummheit eine Krankheit oder vielleicht nur ein Schutz?

Ich benutze noch weiter diesen seltsamen Ausdruck „Krankheit“, weil wir gewohnt sind in dieser Dimension zu denken. Es soll nur nach und nach zeigen, wie inhaltslos er ist. In unserer Vorstellung heilen wir das, was krank ist. Also wenn wir die Heilung erläutern, verstehen wollen, müssen wir mal schauen, wo die sogenannte Krankheit ist.

Im obigen Beispiel der spontanen Heilung stellt sich die Frage für mich anders:

Wenn der Blinde wieder sieht – kann er auch damit umgehen, was er auf einmal sieht? War möglicherweise nicht der Grund, warum er erblindete, dass er Bestimmtes nicht sehen wollte, nicht ertrug, bzw. damit was er sah nicht umgehen konnte? Wenn ein körperlich Behinderter seine Krücken ablegt – kann er dann wirklich gehen – ohne Stütze? Wagt er sich den Schritt nach vorn mit gehobenem Haupt zu machen, ohne sich irgendwo anzuhalten? War das Bedürfnis, langsamer zu gehen, sich zu stützen und von anderen als jemand, der nicht den Schritt halten kann, berücksichtigt zu werden, vielleicht die Ursache seiner Behinderung? Ist dieser Mensch dann fähig, statt im Rollstuhl zu sitzen und von anderen geschoben zu werden, die Verantwortung für die eigenen Schritte, eigenes Voranschreiten in eigener Geschwindigkeit, in eigener Richtung zu übernehmen?

Wenn spontane Heilung bedeutet, dass der Taube, der wieder hört, auch mit dem Gehörten umgehen kann …

Wenn spontane Heilung bedeutet, das der Stumme, der wieder sprechen kann, mit den Konsequenzen, die seine Worte mit sich ziehen, leben kann …

… o.k., dann kann ich es als spontane Heilung verstehen.

Mit anderen Worten heißt es für mich, wenn der Geist geheilt wurde, beziehungsweise erkannt hat …

… wenn der Geist des Behinderten erkannte, dass er Recht hat, eigene Schritte, in eigener Geschwindigkeit, in eigener Richtung mit oder ohne Hilfe und Stütze zu gehen, und sich dann entschieden hat, sich nicht zu verstecken, nicht zu schützen, sondern aufzustehen und den ersten Schritt zu machen, egal wie es auch ausfällt, dann … ist meiner Meinung nach ein großer Schritt Richtung Heilung getan worden. Die Einsicht, das Erkennen ist geschehen, der Heilungsprozess aber läuft weiter. **Der Mensch lernt seine ersten Schritte auf dieser neuen Ebene zu machen. Er begegnet Dingen und der Welt aus einer gänzlich anderen Perspektive. Der Körper, der jahrelang gewohnt war in bestimmter Lage zu funktionieren, muss sich an den „neudenkenden" Geist erst gewöhnen, mit ihm „mitspielen".** Erstarrungen, Verkrampfungen, Blockaden müssen sich (er)lösen (heilen) – es dauert seine „irdische" Zeit – die Materie ist bekanntlich zäh – bis der Mensch dorthin kommt, wo sich der Geist das vorstellt und bis der Körper und die Menschlichkeit soweit sind, dass man endlich wirklich im unabhängigen, individuellen Tempo voranschreiten und eigene Ideen umsetzen kann.

Also noch einmal – kann es spontane Heilung geben?

Meiner Ansicht nach ja, aber ist eher eine Ausnahme als ein Regelfall.

Wenn jemand, dessen Geist längst erkannte, der die Ursachen für seine Scheu, sich auszudrücken, die Worte aus dem Herzen, aus der Seele, aus sich fließen zu lassen, überwunden (erlöst) hat, wenn es sein sehnlichster Wunsch ist zu sprechen und zu sprechen, sich nicht aufhalten zu lassen, sich auch in eigener Menschlichkeit zu erkennen und sich annehmen können, sowie die Begrenztheit, also Menschlichkeit von anderen zu sehen und sie als Fakt, nicht als Bedrohung zu akzeptieren, dass heißt wenn jemand soweit ist – also überreif, nur der Körper will nicht mitspielen, dann kann ein entscheidender Impuls, eine entscheidende Stütze, der richtige Schups zum richtigen Moment wahre Wunder bewirken ...

ansonsten ...

wir alle anderen „Sterblichen“ haben noch einen kürzeren oder weniger kurzen Weg vor uns.

Aus eigener Erfahrung weiß ich, dass die Eile und Ungeduld mehr Beschwerden, Durcheinander und vielleicht auch Schmerz mit sich bringen als vielleicht notwendig. Man erlangt eine Einsicht, ob spontan, im Traum, während einer Meditation oder einfach beim Staubsaugen oder Autofahren. **Alles ist möglich und die Art oder der Weg, auf dem wir zur Einsicht, zum Erkennen kamen, sagt nichts über deren Qualität.** Alleine unser Gefühl, der Aha-Effekt, irgendetwas in uns, das uns sagt – „Das ist es!“. Irgendetwas, das uns nicht ahnen, behaupten, sondern wissen, spüren, fühlen lässt. Erkennen ist für unsere innere Wahrheit ausschlaggebend. Meistens fällt man dann aus allen Wolken und wundert sich, wieso man es bis jetzt nicht gesehen hat – wenn es so klipp und klar, so einfach ist. Kaum erkannt, sind wir voll Enthusiasmus, neuer Hoffnung und erneuter Eile, das Wahrgenommene, Erkannte in die Tat umzusetzen. Und bei vielen ist es mit der Euphorie gleich vorbei, sobald man den Boden der Tatsachen berührt – also die Materie, die Menschlichkeit, den Körper. Die Dinge wollen sich nicht so bewegen, gestalten, wie wir es uns vorstellen. Es wird zäh, mühsam, widerspenstig. Die wunderbare Energie der Einsicht können wir auch nicht mehr so deutlich spüren, beginnen über unser Urteilsvermögen zu zweifeln – wie konnten wir nur gedacht haben, dass wir es wissen, dass es so einfach gehen kann? Jeglicher Vernunft, Logik und Verstand, sowie der gängigen Erfahrung entgegen. Ja, die Realität, der Alltag hat uns eingeholt und wir selbst stehen uns wieder mal im Wege. **Im Moment der Einsicht haben wir uns über unsere eingefahrenen Vorstellungen und Überzeugungen gehoben, hatten einen gewissen Abstand zu Dingen, zu uns selbst und wir erkannten.** Toll! Alles im grünen Bereich! Was viele vergessen: **Das Erkannte muss integriert, gelebt werden.** Also man soll von Wolke sieben runter, genau dort hin, wo sich diese behindernden Vorstellungen und Blockaden und Knoten befinden, um von dort aus in der Praxis über den eigenen Schatten treten zu können, also den Knoten zu entwirren, platzen zu lassen – und das tut oft weh – ob psychisch oder physisch. Warum?

Weil wir so sind, wie wir sind, und weil wir einen Körper haben

und weil … der Körper wie ein Rohr, das voll mit Rost gefüllt ist, zuerst entrostet werden muss …

und weil es **in Eile kein Erkennen geben kann, außer, dass der Eile kein Erkennen und keine Einsicht zu Grunde liegt.**

Der Körper als ein Rohr

Stellen wir uns ein Rohr vor, das unzählige kleine Löcher hat. Durch diese Löcher kann die Energie fließen. In diesem Beispiel stellt die Energie das Wasser dar. Man legt das löchrige Rohr in das Wasser rein, und das Wasser beginnt durch die Öffnungen in das Rohr zu fließen. Das Rohr füllt sich immer mehr mit Wasser und sinkt, bis es gänzlich gefüllt ist und untertaucht. Eigentlich bilden jetzt das Rohr und das Wasser eine Einheit – sie sind eins. Dem Rohr geht es gut – so gehört es sich. Gefüllt mit vitaler Energie hat es alles, was es braucht. *(Für diejenigen, die sich an dieser Stelle vorausschauend mit dem Rohr identifiziert haben und jetzt einen Erstickungsanfall bekommen haben – bitte, dass ist kein gewöhnliches Wasser, man kann darin auch atmen – also bitte tief durchatmen, nicht die Luft anhalten! :) Ich habe gesagt, dem Rohr geht es gut, es hat alles, was es braucht, es mangelt ihm an nichts – so ein wunderbares Elixier ist diese Energieflüssigkeit!).*

Plötzlich passiert etwas Unerwartetes! Ein Schock! Das Rohr schreckt sich! Aus vollem Schreck verbiegt sich das Rohr, die Öffnungen ziehen sich zusammen, das Wasser kann nicht mehr wie gewohnt zirkulieren. Mit der Zeit ist im Rohr nur mehr abgestandenes, verbrauchtes Wasser – das Rohr droht langsam im eigenen „Schweiß" zu ersticken. Aus den wenigen Öffnungen versucht es dieses schmutzige Wasser rausfließen zu lassen, aber frisches Wasser kommt nicht mehr rein. Das Rohr wird mit immer weniger Wasser gefüllt, beginnt aufzutauchen. Weil es nicht mehr das alles hat, was es braucht, beginnt es sich zu verformen und zu rosten. Das mag aber das Rohr überhaupt nicht. Es will sich noch immer im Wasser und in gewohnter Harmonie und Schönheit wiegen. Es hat eine Idee! Es blendet einfach die unschönen und verrosteten Teile aus, verschiebt die Aufmerksamkeit zu den Teilen von sich selbst, wo alles noch in alter Ordnung zu sein scheint, also dort, wo es noch einigermaßen Wasser gibt. Nach einiger Zeit vergisst das Rohr lieber seine ursprüngliche Form gänzlich, reduziert sich im eigenen Geist nur auf die „unbefangenen" Reste, sonst könnte es den „hoffnungslosen" Zustand nicht ertragen. Einige Zeit hat es doch versucht, sich aus dem Schlamassel zu befreien, alles in den alten, heilenden Zustand zu bringen, aber es ging nicht. Zu viel war kaputt, verrostet, zerfressen. So konnte es nicht weiter leben. Also hat es sich arrangiert. Am liebsten hätte es die kaputten Teile überhaupt abgestoßen, aber das ging nicht. Die Möglichkeit war, sie auszublenden. Dadurch teilte sich das Rohr in zwei Teile. Ein Teil, zu dem es „ja" sagte, mit dem es sich identifizieren, in dem es sich sehen konnte, und ein anderer, mit dem es im Widerstand war, mit dem es nichts mehr zu tun haben wollte.

Was passiert, wenn dieses „arme" Ding plötzlich, sagen wir mal in einem Traum, zu einer Einsicht gelangt? Es wacht auf und erkennt, dass etwas nicht stimmt, dass es so nicht weitergeht, dass es sich irgendetwas vorgemacht hat, versucht hat glücklich zu sein, aber ohne den Rest von sich selbst geht es doch nicht. „Juhu! Hurra!“, jetzt macht es sich an die Arbeit.

Heilung?

Es muss sich durcharbeiten, eine Biegung nach der anderen, ein verstopftes Loch nach dem anderen bis zu den obersten Schichten, allen Rost wegputzen, ableiten. Eine anstrengende Beschäftigung hat es vor sich. In den Ecken ist es dunkel, stickig – schon zu lange ist dort kein Wasser geflossen. Der Rost bröckelt von überall herunter und verstopft erneut die gerade befreiten Löcher. Aber es geht. Ob verbogen oder nicht – das Röhrchen lernt nach und nach seine restlichen Teile wieder zu kennen. Zuerst erschreckt es sich von dem Unrat, was es in sich trägt („Das soll ich sein?“), nach und nach erkennt es aber, dass es nicht das Selbst ist. Es hört auf, sich damit zu identifizieren und die Arbeit geht schneller von der Hand. Klar schmerzt es, wenn es versucht auf einmal zu viel Rost und Schmutz durch eine gewisse, gerade freigeschaufelte Öffnung rauszuschmeißen. Es verklebt sich wieder, es staut sich erneut. Klar kriegt es Angst und Panik, dass es wieder den Boden unter den Füßen verliert, also dass es wieder aus dem Wasser auftaucht. Das ist normal. Und dann erkennt es, **dass umso mehr es die Vorstellungen loslässt, wie es aufräumen soll**, wie und wohin zuerst das Wasser fließen soll, **wenn es sich entspannt und sich geduldet, vertraut – beginnt sich das vitale, frische, allgegenwärtige Wasser wie selbstverständlich den Weg durchzubahnen, schwemmt den Schmutz auf**

optimalem Wege aus und erschafft dadurch immer mehr Raum für neues, klares, gesundes Wasser. Und nicht nur das! Es glättet! Das Verbogene richtet sich fast wie von selbst auf. Immer mehr Teile können ausatmen und sich in das Wasser fallen lassen – bis irgendwann das Rohr wieder – eine oder mehrere Erfahrungen reicher – gänzlich in Frieden mit sich selbst und der Welt weilt.

Das göttliche Puzzle

Apropos Einheit …

Ein oftmals benutztes Wort, scheinbares Ziel unserer Entwicklung, das Ende all unserer Mühe, das Himmelstor. Einssein mit allem, im Einklang und in Harmonie mit der Natur, dem Universum, allem was ist, leben. Nur mehr Liebe, Freude, Frieden, Glück – einfach Glückseligkeit. Keine schlechte Laune mehr, kein Schmerz, Verletzung, keine mürrischen Gesichter, kein Krieg. Hoffnung? Wie, wann, was muss ich dafür tun? Mich noch mehr bemühen, ein besserer Mensch zu sein? Noch mehr lächeln? Alles Negative in sich unterdrücken oder allem Weltlichen entsagen und sich nur mehr der Meditation und/oder dem Gebet widmen? Sich opfern? Die Welt heilen, bekehren? Nur laute gute Taten tun? Sich in Verständnis und Toleranz zu den Mitmenschen üben?

Und was ist diese Einheit eigentlich? Wie fühlt sie sich an? Adam und Eva – sind sie aus dem Paradies geflüchtet oder wurden sie doch vertrieben?

Man sagt, wir leben in der Getrenntheit, losgelöst, verlassen oder wirklich vertrieben … Aus dem einzigen Wahren, aus dem göttlichen Schoß. Wieso, warum, weswegen? Wie ist es passiert? Haben wir es selbst verschuldet? Sünde? Strafe? Exil?

Meiner Meinung nach, wie ich schon öfters mal erwähnte, stiften die puren Worte viel Verwirrung in unserem Geist und verursachen Unsicherheit und Zweifel in/an unserer Seele. Ich glaube, dass jeder Mensch, in welcher Form, welcher Rolle er sich in diesem Moment auch versucht, in seinem Inneren nach nichts anderem strebt als nach dieser Einheit, dem Frieden, der Befreiung von allen Fesseln, also einfach nach Glücklichsein und Erfüllung. Und jeder übt sich, entsprechend seiner Möglichkeiten, seinem Entwicklungsstand, seinem Bewusstsein, die entsprechenden Wege dorthin zu finden. Nur wäre da nicht diese Einheit, dieses Einssein! Vielen von uns spuken unbewusst/bewusst diese Wörtchen durch die Leber und man ist unsicher. Ist das gut? Wie fühlt es sich an? Alles aufgeben? Mich aufgeben? Meine Identität verlieren? Sich verlieren und vielleicht sogar gar nichts mehr von sich wissen? Kaum habe ich doch geschafft, mich ein wenig zu spüren, zu wissen wer ich bin, mich von den anderen abzugrenzen, eigene Meinung und eigenen Willen zu haben, diese seltenen freudigen und glücklichen Momente zu erfahren und … dann soll alles vorbei sein? Jahrelange Arbeit an mir, vielleicht sogar einige Leben, hat es mich gekostet, soweit zu kommen um selbständig zu werden. Und jetzt oder dann …? Soll ich in der Menge, Masse, in irgendetwas Unbestimmtem untergehen? Es mag sein, dass dort nur mehr Licht und Liebe und Glückseligkeit herrscht. Es mag sein, dass nur mehr eine harmonische Melodie in den

Ohren klingt – aber was habe ich denn davon, wenn ich von mir nichts mehr weiß, wenn ich nicht mehr bin? Wenn ich mich zu einem Tropfen im Meer verwandle, der immer wieder in weitere tausend Stücke zerbrechen kann und sich mit anderen Teilchen in eine gänzlich neue Formation verbinden kann? Wo bin ich dann noch? An tausend verschiedenen Plätzen? Fühle und spüre ich tausend Mal, tausendfach oder bin ich nichts mehr? Eine Wolke von hilflosem, ärmlichem Dampf, die nur vor sich hindämmert und mit sich geschehen lässt, was gerade so geschieht? Keinen eigenen Willen mehr, keinen Gedanken, kein selbständiges Einatmen und Ausatmen?

Angst …

Oder ist es doch anders?!

Dieses Wort Einssein verwirrt unsere Gedanken- und Gefühlswelt. Niemand erklärt, niemand beruhigt. Sogar umgekehrt. Manche Quellen bestätigen die ängstliche Verwirrung.

Ein Wort ist nur ein Wort. Es ist perfekt und doch nicht wahr. Es ist da und doch drückt es vielleicht die Wahrheit aus. **Der Inhalt, den wir selbst diesem Wort geben, macht es, was wir darunter verstehen, nicht das Wort selbst.** Wir selbst sind es, die wir Bücher und Zeitschriften schreiben und lesen. Wir selbst sind es, die den Worten anderer lauschen. Wir selbst sind es, die uns ein Bild, Bilder darüber machen, was das Geschriebene, Gesprochene, Gesehene, Gehörte aussagt, aussagen will. Wie wir verstehen und was wir verstanden haben, sagt lange nichts darüber aus, was derjenige ausdrückte oder mitteilen wollte. Wir kennen selten den wahren Inhalt, die Botschaft seiner Worte und Gedanken. Wir kennen nur die Botschaft dessen, was wir bereit/fähig sind zu verstehen, wahrzunehmen, zu erkennen, hineinzuinterpretieren. Unser Verständnis, unsere Wahrnehmung, unsere innere Datenbank an Informationen, die wir über die Zeit angesammelt haben und vorsichtig wie einen Schatz bewachen, ist nichts anderes als nur ein Spiegel unserer eigenen Gedankenwelt, unserer Entwicklung, unseres eigenen Verständnisses der Welt und der Zusammenhänge, sowie unseres Willens, hinter dem Offensichtlichen das Wahrhaftige spüren, hören, sehen, vertrauen, erkennen, lieben zu wollen.

Ich glaube, egal wie und wann und mit wem ich mich austausche, **als Mensch kann ich nur entsprechend meiner Entwicklung und Bereitschaft verstehen und wahrnehmen**, auch wenn die göttliche Stimme – die viele Formen annehmen kann - für mich optimal angepasst, zu mir spricht.

Es mag ein wenig kompliziert klingen, schwer vorstellbar, schwer fassbar sein.

Wir sind doch noch immer bei dem Wort Einheit und Einssein. Wenn ich in diesem Zusammenhang innere Unruhe, Angst und Zweifel verspüre, sagt es noch immer nichts über den wahren Inhalt dieses Wortes aus. Es mag nur vielleicht eine

Information, eine Botschaft für mich sein, dass ich mich gerade in einer Phase befinde, wo ich die Themen der Angst, des Zweifelns zu verstehen und/oder zu erfahren suche, mich bemühe. Wer sucht, der findet und er muss nicht weit gehen. Er findet überall das, was er sucht, nach dem er sich ausgerichtet hat.

Ich selbst verstehe unter den erwähnten Begriffen keine Bedrohung, keine Selbstaufgabe, keinen Verlust oder vielleicht sogar den Tod oder Zerstörung mehr. Für mich heißt Einssein nicht die Gleichheit. Für mich heißt die Einheit nicht eine fade Masse von selbstaufgegebenen, willenlosen, zusammengewürfelten, von irgendetwas Höherem – auch wenn Gütigem – beherrschten Einzelteilen, die sich in einem unendlichen Meer von Nichts vermischen und verlieren.

Nein, das wäre wahrhaftig keine himmlische, paradiesische Einheit. Solche Bilder und Vorstellungen, die wahrscheinlich in uns zu Recht Sorgen und Ängste verursachen und zur Flucht animieren, sind Bilder, die aufgrund unserer Erfahrung mit einer ominösen Einheit, die wir in dieser Welt, die wahrscheinlich kein Himmelreich in dieser Form, wie wir sie sehen, ist, gemacht haben. Hier, auf der einen Ebene, erleben wir tagtäglich Uniformität, Auflösung und Unterdrückung der Individualität. Hier, auf der einen Ebene, ist das selbständige und kreative Denken meistens unerwünscht. Das Interesse anderer wird in den Vordergrund gestellt und sollte rücksichtslos gewahrt werden. Familienzusammenhalt, Gruppendynamik,

Globalisierung, Kampf für eine gemeinsame Sache … Ein gemeinsames Ziel scheint uns zu verbinden, zusammenzuschweißen, zu einem Organ zu machen, zu vereinheitlichen. Alle müssen an einem Strang ziehen, gleich denken, die gleichen Ideale vertreten, sonst funktioniert das Modell nicht. Sich selbst aufgeben, opfern für ein höheres Ziel, für eine gute Sache, für die Harmonie und Frieden in der Familie, die Wärme der häuslichen Räume oder sogar für das Retten der Erde, für die Zukunft unserer Kinder.

Egal was mein Lebensziel war, meine Wünsche, was für Talente in mir schlummern und sich entfalten wollen – für die gute Sache, und um ein guter, anerkannter, hilfsbereiter, gesellschaftswürdiger Mensch zu sein, lernen wir mühsam das, was gefragt wird. Wir bemühen uns, einem Bild und der Erwartung von außen zu entsprechen. Wir und das, was wir innerlich sind, rücken in den Hintergrund oder in die Warteschlange. Die Welt, die Gesellschaft, die Wirtschaft, die Familie – das ist doch die Priorität.

…

Das alles ist das, was uns gelehrt wurde unter der Einheit und Einssein zu verstehen. Kein Wunder, dass der Mensch jetzt Angst hat. Jetzt hat er sich doch gänzlich aufgegeben, ist kaum etwas von ihm übrig geblieben, hat sich voll vergessen und jetzt … jetzt wird noch mehr von ihm gefragt. Noch mehr zurücknehmen, noch mehr opfern, aufgeben …? Wen wundert's, dass man an die himmlische Einheit nicht mehr glaubt, nicht glauben will und sich lieber dem Bekannten zuwendet. Auch wenn es nicht gerade das Honigschlecken ist, aber man hat da noch so eigene Methoden, Bastionen, um sich heimlich ein wenig Zeit und ein Stück Kuchen für sich selbst zu erhaschen. Man tut, spielt mit, gibt nach außen das, was gefragt wird. Opfert sich, nur um auch dieses letzte Stück von sich nicht preisgeben, aufgeben, verlieren zu müssen. Egal wie schlimm, verfahren, hoffnungslos und ausweglos die eigene Situation zu sein scheint, man lernte sich darin zu bewegen, zu arrangieren, zu spüren und das geglaubte/gehoffte Innere zu wahren.

Wen wundert's noch, dass wir krank sind? Wer soll doch bitteschön bei dem vielen Zurücknehmen, Sichaufopfern, fremde Interessen, Ziele und Wege wahren, folgen und gehen, gesund sein? Wie soll die Energie frei fließen können und uns, unseren Geist und Körper mit all dem, was wir brauchen, versorgen? Wie sollen wir frei atmen und uns frei entfalten können bei all der Enge, der Fesselung, bei den vorgezeichneten Bahnen? Wo soll sich das Herz öffnen, hinschauen, hinspüren, bei all den Vorschriften, bei all dem, was man minutiös bedenken, auf was alles man aufpassen muss? Seelenfrieden, der ausgeglichene Geist macht gesund ... Hier tut es weh, dort zwickt es, der Körperteil will nicht mehr wirklich gehorchen. Wundert sie das noch?

Also, wie gesagt, das alles oben Beschriebene kann mit allem Möglichen zu tun haben. Es soll uns nur nicht ein Beispiel oder ein Hilfsbild oder ein Gefühl vermitteln, was eine Einheit ist. Mann könnte eher sagen, die Einheit und das Einssein ist vielleicht alles, nur das nicht. Noch einmal ... Ich kann es in meinen Gesprächen mit Menschen nicht oft genug betonen: **Einssein bedeutet nicht gleich sein.** Einssein heißt für mich eher so etwas wie zusammen, **ein Teil von einem sein**, und zu diesem Einem mit dem, was ich bin, beitragen. Den eigenen „rechtmäßigen" Platz haben. Ohne mich ist das Eine nicht komplett. Der Teil, der ich bin oder den ich in mir trage, fehlt, ist nicht ersetzbar. Hochnäsig? Eingebildet? Ketzerisch? Größenwahn? Und wenn ... Glauben sie, der liebevolle gütige Jemand, der Schöpfer allen Lebens erwartet, verlangt von uns das Geduckte, Demütige? Glauben sie wirklich, er zwingt uns in die Knie oder zum Arschkriechen? Er lernt uns das Selbstverleugnen, das Aufgeben, das Nichtausleben? Dann wäre er oder diese allgegenwärtige „himmlische" Energie, doch völlig unlogisch und blöd gesagt unökonomisch. Das muss doch irgendwie jedem einleuchten. Würde Gott sich die Mühe machen, uns zu erschaffen, uns Qualitäten und Gaben zu geben, damit wir dann aus diesen nicht handeln, sie nicht leben? Was für Energie wäre es, die uns das Leben schenken würde, damit wir es dann nicht leben, es opfern, uns für künstliche, unlogische, fremde Ideale kaputt und krank machen, so, dass uns für uns selbst keine Kraft, keine Puste mehr bleibt? Ist es logisch, dass er uns die Liebesfähigkeit dazu geschenkt hat, damit wir sie unser ganzes Leben verstecken, leugnen und Unmengen an kostbarer Energie dazu verschwenden, um diese nicht zu spüren und eine andere „Liebe" zu lernen?

Wäre das dann noch Gott? Der Allgegenwärtige, Allwissende? Ich glaube nicht. Es wäre oder ist vielleicht jemand, dessen Bild wir aufgrund unserer Erfahrungen in uns tragen und Angst vor ihm haben, vor dem wir uns schuldig fühlen, der uns in die „Sünde" getrieben hat, weil wir in uns heimlich spüren, dass wir ihm nicht zu hundert Prozent folgen können, dass sich in uns dagegen irgendetwas auflehnt, nicht folgen, nicht brav sein und sich noch mehr aufgeben will. Ist es das Schuldgefühl, das ewige schlechte Gewissen, die Angst? Nicht gefolgt, nicht gehorcht zu haben, wie von uns erwartet? Oder ist es das Schuldigsein, weil man sich verleugnete, weil man nicht lebte, nicht schöpfte aus dem, was einem gegeben wurde, sich zu einem oder etwas anderem ausrichtete, gehorchte …?

Ich glaube, wir alle sind in einem Lernprozess. Gott weiß es – er ist ja allwissend. Er wartet geduldig, schaut zu, betreut und schmunzelt jedes Mal in uns, wenn wir uns entdecken, wenn wir den ersten wackeligen Schritt mit unserer neu oder wieder entdeckten Gabe machen – noch ein wenig geduckt, in Erwartung, ob es nicht gleich donnert … Er schmunzelt und führt uns sicher und vorsichtig an der Hand, dem frühlingshaften Sonnenschein entgegen. Ohne Erwartung, ohne Druck – entzückt über unser Staunen, die weit aufgerissenen Augen darüber, wie leicht es ist, wie leicht es geht, dass es keine Mühe, keine Anstrengung, keine schwere Arbeit kostet. Er zwinkert uns Mut zu, wenn wir gleich darüber zu zweifeln anfangen, wenn es zu leicht ist. Das kann doch nicht sein! Leicht. Nein, wir lernten uns alles schwer zu erarbeiten – ja alles das, was nicht unseres ist, fällt uns schwer. Er schickt uns einen unheimlichen Schauer der Bestätigung, der uns den Rücken runter läuft und das Gefühl des verstanden, betreut und beschützt zu sein gibt. In diesem Moment, auch wenn es die ersten und noch tollpatschigen Schritte sind, auch wenn wir ewig lange weg vom Fenster waren, sind wir in einer Einheit. Eins mit uns selbst, mit der Welt und mit ihm. Und staune Welt ... wir sind noch immer wir. Vielleicht ein wenig verwirrt, aber glücklich. Vielleicht ist es nur ein klitzekleiner Moment, ein Augenblick, eine einzige Sekunde, aber wir sind mehr wir als wir bis dahin je waren.

Was ist geschehen?

Wir haben uns entdeckt, gespürt. Ein Wunder ist passiert und dieses kann uns niemand mehr wegnehmen. **Auch wenn wir uns wieder verfahren, in einer Sackgasse landen – dies alles ist menschlich, und wir sind doch beim Lernen.** Dieses Gefühl ist für die Ewigkeit in uns gespeichert, das werden wir auch in den dunkelsten Ecken nicht mehr vergessen. Die Heilung und die Rückkehr zu uns selbst kann weiter voranschreiten – wir sind dabei.

Einssein ist nicht Gleichsein.

Es wäre ein Paradies doch kein Paradies, wenn alles gleich und eintönig wäre. Das sollte die schöpferische Logik sein, alles gleich zu erschaffen? Davon braucht man dann doch nicht die abermillionen Stück! Wozu die Mühe? Ist wie schon gesagt unlogisch und unökonomisch und solche Unzulänglichkeiten passen für mich einfach nicht zu Gott und der Göttlichkeit.

Die Einheit ist für mich wie ein Bild, das aus vielen, vielen Puzzlesteinchen besteht. Jedes Steinchen hat seinen einzigartigen Platz, die einzige richtige Position, die es belegen, ausfüllen kann. Verwendet man einen anderen, vielleicht ähnlichen Stein für diese Stelle, hat das Bild eine Störung. Es fließt nicht. Das Auge bleibt immer wieder an dieser Stelle hängen, wird von dem Gesamtbild abgelenkt. Und der fremde Teil, der sich auf die „falsche" Stelle verirrte, egal wie gut er sich versucht anzupassen, ist entweder zu klein und kann die Lücke nicht vollständig schließen oder zu groß, egal wie reingepresst, hinterlässt er unschöne, rausstehende, raue Kanten. Selbst kann er sich darin nicht wohlfühlen, außer er hat jegliche Wahrnehmung für sich selbst, die Umgebung, die Harmonie und Leichtigkeit verloren. Ersetzt man diesen Fremdling mit dem einzig möglichen Steinchen, das für diese Stelle vorgesehen war, entspannt sich unser Auge, das Bild ist vollkommen. Eins neben dem Anderen, gemeinsam, jeder mit seiner eigenen Besonderheit – Individualität – wahrt seinen Platz und bewirkt dort, dass das Gesamtbild überhaupt existieren kann. Solange ein einziges, egal auch wie winziges Teilchen fehlt – das weiß jeder, der schon mit Puzzles gespielt hat – ist das Bild nicht fertig, nicht vorzeigbar. Es ist noch immer nicht das Bild, das Eine, um das es geht. Erst wenn der Letzte heimkommt, seine Position einnimmt und aus ihm selbst das strahlt, was er ist, verbinden sich alle Teile in einer außergewöhnlichen Partnerschaft, Zusammenarbeit und Zusammenhalt zum Einen. Die Grenzen verschwinden – alles ist eins und doch jeder für sich mit seiner Einzigartigkeit. **Gemeinsam in einer Einheit verbunden und doch jeder frei. Frieden, Harmonie, Freude in jedem einzelnen Teilchen – weil man endlich das ist, was man ist, wofür man vorgesehen war.** Was für eine Kraft, Schönheit, Freude und Frieden muss solch ein Bild in seiner Gesamtheit ausstrahlen!

Wann ist die Zeit, den Platz einzunehmen, wann ist solch ein Bild fertig? Sobald man erkennt, dass man seinen Platz nie verlassen hat, dass man nirgendwo hingehen muss, dass man dort ist, wo man hingehört und immer war. Nur … mit dem Strahlen ist es ein wenig schwieriger. Solange geduckt, als Opfer verstanden, nach anderen Fähigkeiten als den eigenen strebend, nach anderen Zuschnitten, anderen Farben, ewig unzufrieden mit der eigenen Form, dem eigenen Platz – kann das Bild nicht erstrahlen.

Man hat eine scheinbare Wahl. Man kann sich weiterhin mit der farblosen Rückseite beschäftigen und versuchen sie mit fremden Farben zu beklecksen und einer Vorstellung eines bestimmten Bildes nacheifern oder man kann sich mit Absicht gleich der „rechten“ Seite, den bunten, strahlenden, eigenen Farben zuwenden, sich in ihnen erkennen und sie annehmen, sowie aktiv – sprich bewusst – an der Gestaltung des Bildes beteiligen. Nur die Absicht und die Ausrichtung sind schon fast die ganze Miete. Den Rest kann man im Vertrauen in die göttliche Führung bzw. der „Gruppendynamik" übergeben. Der Prozess der „Reinwaschung" von nicht mehr Benötigtem und Überdeckendem, Täuschendem kann weitergehen. Heilung schreitet voran – wie immer.

Ich denke, die Krankheit ist eine Wahl, eine Entscheidung. Die Krankheit ist die Wahl des Geistes, sich in der getrennten, farblosen, aussichtslosen Welt der gleichen, unerkennbaren, miteinander konkurrierenden, für einen besseren, besonderen, auserwählten Platz kämpfenden Teile zu sehen. Besser, größer, bedeutender, kräftiger, wissender, sichtbarer als die anderen werden zu wollen oder zu müssen, statt zu entdecken und anzunehmen was man bereits ist, ist die verwirrte Ausrichtung des gekränkten, verletzten, „verlorenen" Geistes in uns, der an die Krankheit, Schmerz, Trauer, Kampf und Verleugnung als Notwendigkeit, sogar Gesetzmäßigkeit des menschlichen Daseins glaubt. Das göttliche Bild könnte nie harmonisch und friedvoll, das heißt paradiesisch wirken, wenn es Puzzleteilchen geben würde, die aus dem Bild rausstechen, wenn sie auch herausstrahlen würden. Die Heilung ist, diese scheinbare „Wertlosigkeit" – die nicht wertlos und auch nicht ohne Wert ist, sondern ... ohne zu werten, ohne zu urteilen ist – anzunehmen und zu leben. Die Heilung heißt auch, die Illusion des Wertlosen zu durchschauen und sich als wert- und bedeutungsvoll jenseits aller Schubladen und Kategorien zu erkennen, anzunehmen und zu umarmen.

Die Schicksalsschramme

Ein kleiner Junge spielt im Freien. So wie es bei kleinen Kindern üblich ist, vergisst er die Welt um sich und ist in die Welt des Spiels vollkommen eingetaucht. So unschuldig, wie er in diesem Moment ist, passiert unbeabsichtigt eine kleine-große Katastrophe. Mit einem Ast streift er den Kotflügel des heißgeliebten Autos seines Vaters. Ein Diamant ist der Wagen, der an jedem Wochenende begutachtet, poliert und gepflegt wird. Man könnte meinen, es ist das Ein und Alles des Vaters. Und der Junge – wie klein er auch sein mag, auch wenn er es mit seinem Verstand noch nicht ganz verstehen kann – weiß, spürt diese Besonderheit der Karosse. Das tief quietschende Geräusch des Astes, der sich tief in den makellosen Lack einritzt, weckt den Burschen augenblicklich aus seiner unschuldigen Welt. Er weiß sofort! – eine Katastrophe ist geschehen. Der Vater wird sicher traurig werden, sehr traurig. Der Junge hat doch seinen Vater lieb, er will ihm keinen Schmerz zufügen. Was nun? Eine Katastrophe? Nein, noch nicht! Das Kind ist noch unschuldig in seiner Logik. Und die Logik besagt, was das Auge nicht sieht, schmerzt das Herz nicht. Kinder sind erfinderisch. Unschuldige Kinder wissen noch nichts über die perfektionistische, pedantische, kontrollierende Art ihrer erwachsenen Mitmenschen. Der Junge schaut kurz das Auto im Gesamtblick an und schon ist eine Idee geboren! Er nimmt aus einer Pfütze einen kleinen Batzen Schlamm und verschmiert es auf dem Kotflügel samt Schramme. Auto und Straßenschmutz, das ist doch normal! Auf den anderen Stellen des Autos könnte man auch ältere Schlammflecken entdecken und unter denen könnte man den Zustand des Autos, bzw. des Lacks, auch nur erahnen. Schlamm auf dem Auto, Schramme weg. So einfach war das. Das Kind atmet aus, begutachtet zufrieden seine Schmiererei, verbessert noch da und dort gewisse Stellen und taucht wieder in die Welt des Spiels ein. Die Schramme ist weg. Sie hat niemals existiert. Eine kurze Unterbrechung des Spiels und die Welt ist wieder in Ordnung.

Welch eine Überraschung, als der Vater ein paar Tage später die Stirn runzelt und schlechte Laune hat. Beachtet den Kleinen nicht, will nicht so wie sonst blödeln, reagiert nicht auf kleine, unschuldige Provokationen. Der Kleine läuft in den Garten und!? … da steht das Fahrzeug! Wie jeden Samstag, frisch gewaschen, poliert steht es vor dem Haus. Und … Katastrophe – die Schramme! In der gesamten Pracht strahlt sie der Sonne entgegen. Autsch! Der Junge schleicht auf den Zehen ins Haus, versucht sich ungesehen auf sein Zimmer zu schleusen. Der Vater merkt das merkwürdige Verhalten seines Sohnes und ein Verdacht beginnt in ihm zu keimen. Ja, vielleicht war es doch nicht seine eigene unaufmerksame Fahrtechnik, die das Auto so furchtbar gekennzeichnet hat. Na warte! ...

*

Ein begeisterter Autofahrer fährt an einem wunderbaren Tag seine Geliebte spazieren. Die Welt ist in Ordnung. Seine Geliebte und sein Auto und dazu noch ein wunderschönes Wetter – kann das Leben noch besser sein? Verträumt lenkt er das Vehikel durch die blühende Allee und der Tag wäre perfekt zu Ende gegangen, hätte es plötzlich diesen einen Moment, dieses eine Geräusch nicht gegeben. Ein Stein löst sich ungeschickt von den Reifen und fliegt durch die Gegend und bum! und quiiiiietsch ... es hört sich nicht gut an. Der schöne Tag ist zu Ende. Augenblicklich bleibt der Fahrer stehen, mitten auf der Straße, ohne Worte, ohne Erklärung springt er aus dem Auto raus und ... seine Sinne haben ihn nicht getäuscht, die Fahrertür hat durch den Steinschlag eine Schramme erwischt. Eine kleine Beule. Winzig klein, kaum sichtbar, und einen Nachzügler verursacht, eine würde man sagen, kaum bedeutende Kratzer – könnte man wirklich unparteiisch sagen. Nein, für den Fahrer ist der Tag zu Ende. Gelaufen! Kaputt! Ruiniert, so wie sein Auto. So sehr hat er darauf aufgepasst und jetzt das. Gleich telefoniert er, die Geliebte unbeachtet, auf dem Rückweg mit der Werkstatt und erbittet einen sofortigen Termin. So kann er doch keine einzige Sekunde mit dem Auto durch die Gegend fahren. Es spielt keine Rolle, dass die Schramme klein, kaum sichtbar ist, wie ihn seine Freundin versuchte zu beruhigen. Für ihn ist sie da, er weiß es, er kann es spüren während er fährt. Er kann sich nicht mehr konzentrieren, er kann an nichts anderes mehr denken. Die Makellosigkeit seines Gesellen ist dahin. Es schmerzt ihn fast körperlich. Wenn es so weitergeht, würde er sich bald übergeben. Dann kommt endlich die Erleichterung. Die Werkstatt hat Verständnis für den Unglücklichen. Die Mechaniker reparieren sofort. Sie sind gut, nach einigen Stunden kann er das Auto in unbescholtenem Zustand abholen.

Ist dadurch die Geschichte zu Ende? Nein.

Wieso? Was ist noch passiert?

Nichts.

Nur der Mann kann keine Ruhe mehr finden. Seine Augen sehen zwar keine Schramme mehr, seine Hand, seine Finger können nichts erspüren, aber er weiß, es ist da. Er weiß, die Makellosigkeit des Autos ist nicht mehr wiederherzustellen. Es ist kaschiert, das schon, aber es ist nicht mehr der gleiche, ursprüngliche, jungfräuliche Zustand. Nein, das Auto ist nicht mehr unbescholten. Es ist nicht mehr das Auto, was er so liebte. In den Träumen verfolgt ihn ein grinsender Lack, der sich spöttisch von dem Auto löst und mit großem Zeigefinger auf den Kratzer zeigt. Eine große Sprechblase sagt: „Und du hast gedacht, du kannst mich ungeschehen machen? Ha! Wie du siehst, ich bin für immer da!" Schweißgebadet wacht er auf und versucht sich tapfer, jeden Tag, wie immer in die Arbeit zu fahren. Sein erster Blick gehört jetzt immer „ihr", der Stelle, wo einst ein Stein eingeschlagen war. Der Stelle, die so tut, als wäre alles in Ordnung. Der Stelle, die ein Geheimnis in sich trägt und über die er Bescheid weiß. Er kann sein Auto und noch all die anderen makellosen Stellen nicht mehr sehen. Er fühlt sich wie ein Pferd mit den Augenklappen – er kann nur mehr das Eine fokussieren, er kann nichts Anderes mehr sehen. Seine Welt und seine Gedanken verengen sich nur mehr auf das eine. Die Schramme. Er würde am liebsten das Auto verkaufen, wieder ein neues, gerade erst geborenes kaufen, aber es geht nicht. Er kann es sich im Moment nicht leisten. Und wer würde garantieren, dass ihm nicht gleich dasselbe passiert? Ist es überhaupt möglich, schrammenlos durch das Leben zu fahren? Kommt nicht automatisch früher oder später die eine oder andere Schramme dazu? Was also machen? Er bemüht sich wegzuschauen. Er hat sich entschieden stark zu sein und diese Seite des Autos vollkommen zu ignorieren. Wenn er sich zu schwach fühlt, steigt er sogar lieber durch die Beifahrertür ein. Er will es ausblenden, das Ereignis mit dem Stein vollkommen aus seinem Gedächtnis löschen. Die Fahrertür und nichts, was seine Erinnerung auffrischen würde, darf es nicht geben.

Wie geht man im Leben mit den eigenen Schrammen um?

Es gibt Verletzungen, die passiert sind, weil wir so sind wie wir sind und weil das Leben um uns herum lebt und seine eigenen Weichen schlägt. Versucht man, wie der Junge, die Schramme mit Schlamm, mit einer fremden Schicht drüber zu kaschieren, auf die man aufpassen muss und immer wieder erneuern muss oder muss man immer wieder durch eine Pfütze oder ein Schlammgebiet, das man normalerweise meiden würde, fahren oder überlässt man die ganze Angelegenheit den scheinbaren Profis, welche die sichtbaren, offensichtlichen Spuren und Beweise der scheinbaren Ungeschicklichkeit, Unbeholfenheit, Tollpatschigkeit oder einfach des Schicksals beseitigen können? Und dann am besten nicht mehr in den Spiegel schauen, jegliche Erinnerung an den Schmerz, den Schlag, die Erniedrigung, Kränkung, Verletzung, den Schock unterdrücken, auslöschen, verdrängen und sich vorgaukeln, dass alles wieder so wie früher ist. Unbescholten, makellos, unschuldig, perfekt. Wie viele von uns verwenden täglich Unmengen an Energien darauf, diesen scheinbaren jugendhaften, fast jungfräulichen Zustand sich selbst und den anderen vorzugaukeln?

Ist es der Sinn unseres Lebens, irgendetwas ungeschehen zu machen?

Die Spuren zu verwischen, den ursprünglichen, unschuldigen Zustand zu erreichen? Ist es überhaupt möglich? Ist das die Heilung? Und wenn das die Heilung wäre, ist sie dann überhaupt möglich? Liegt sie im Rahmen der menschlichen Möglichkeiten?

Für mich besteht der Trick darin, dass solange man die Schramme wie eine Verunstaltung, als einen Makel betrachtet und das Ereignis, das dazu führte, wie einen Schicksalsschlag der negativen Sorte betrachtet, könnte man kaum auf die Besserung oder Heilung hoffen. Unsere verwirrten Gedanken beginnen den Schuldigen zu suchen, ob in uns selbst, jemandem anderen oder dem Schicksal. Denken und Fühlen in der Dimension der Schuld und Schuldigsein macht eng, unfrei, krank. Es produziert Gedanken- und emotionalen Schlamm, der sich über unsere klare, unschuldige, göttliche Sicht der Dinge und der Welt legt. Schlamm produziert noch mehr Schlamm und Nebel, also kommt man so wahrscheinlich nicht weiter.

Wenn ich mich noch einer Weile des Beispiels aus der Autobranche bediene, dann bietet sich mir folgendes Bild:

Die Autos, egal welche Ausstattung, egal welche Marke und Farbe, werden in Masse, am Fließband produziert. Sie gleichen eines dem anderen, wie die geklonten Eier. Ich kaufe so ein Fahrzeug und ab diesem Moment beginnt es das Leben mit mir zu teilen. Ich fahre mit ihm, so wie ich bin. Begegne Situationen, die ich anziehe, die ich zu meiner Heilung brauche, weil ich so bin, wie ich bin. Das Auto beginnt eine Note zu bekommen. Würde genau dieses Fahrzeug jemand anderer – nicht ich – kaufen, macht das Auto die ersten Schritte und den Weg, seinen Weg, mit ihm und schon nach ein paar Kilometern hat es einen gänzlich anderen „touch“. Man kann zwei ursprünglich gleiche Autos nebeneinander stellen und sie sind nicht mehr gleich. Erwische ich unterwegs eine Schramme, ist es meine

Schramme, meine Spur, so wie die Falten um meine Augen oder Mundwinkel oder wie die Linien an meinen Handflächen. Ein persönlicher Fingerabdruck, der niemand anderer hätte so gleich machen können, weil er nicht so ist wie ich. Nur ich weiß über die Stunden und Gründe bewusst oder unbewusst Bescheid, die mich zum Weinen und zum Lachen brachten und die sich in meinen Falten spiegeln. Nur ich kann die Verletzungen in meinem Herzen, die ich oft vor der ganzen Welt verberge, einsehen. Egal wie ich sie kaschiere, wie ich sie leugne, irgendein Teil von mir weiß immer, dass sie da sind. Erkenne ich, dass diese Schrammen nicht eine Bedrohung bedeuten, gebe ich ihnen keine besondere Stellung, keinen besonderen Wert, außer dass sie da sind, als Zeugen meines Weges, meiner Erfahrung – muss ich sie nicht mehr verstecken oder muss ich mich nicht mehr verstecken. Sie müssen nicht immer wieder zum Leben erweckt werden. Sie müssen nicht immer wieder schmerzen, wenn ich sie als schon Geschehene betrachte. Sie brachten Erfahrung mit sich und die ist bereits geschehen. Klar, wenn ich sie verstecke, Angst davor habe, sie sichtbar werden zu lassen, muss ich ihnen immer wieder begegnen, um zu sehen, vor was ich eigentlich Angst habe. **Mit Angst und mit camouflierten Teilen von mir kann ich innerhalb des göttlichen Puzzlebildes nicht strahlen. Wie wollen wir wissen, wie viele Schrammen wir zum Erstrahlen brauchen?** Der Diamant muss doch auch geschliffen werden, bis er in seiner Vollkommenheit erstrahlen kann!

Konkret heißt es, man kann heutzutage Menschen mit einem „Herzen aus Stein“ begegnen – eine dicke harte Schale hat sich um den sensiblen Kern, in dem höchstwahrscheinlich eine oder mehrere tiefe Furchen stecken, gebildet. Man kann sich einem offenen Herzen, strahlend wie ein neu angebrachter Lack entgegen sehen und wundert sich, wieso man doch nicht durchkommt, sich nicht verstanden fühlt, kein wahres Gehör, keinen Zugang, Kontakt findet. Eine perfekte Camouflage. Eine Fassade. Eine Tarnung entsprechend der projizierten Erwartung des Umfeldes wurde angebracht und darunter ein weniger strahlender, noch ungeschliffener Diamant. Unsere Verkleidungen sind kreativ, erfinderisch, anpassungsfähig und ausbaubar. Egal, wie wir uns selbst täuschen, hinter all dem stecken trotz allem wir. Schon die Verkleidung selbst kann so einiges über uns verraten. Wir haben es doch ausgewählt. Wie wir schon wissen, jemand anderer würde sich in dem gleichen Kostüm ganz anders präsentieren, eine andere Maskerade darstellen, eine andere „Aura" würde ihn umgeben – eben die persönliche Note macht es aus.

Der Spiegel

Apropos ... Camouflage, Maskerade, Kostüm, Verkleidung – Begriffe, die in vorigen Kapiteln öfters gefallen sind. Warum? Was hat es auf sich – wieso schminken, maskieren, verkleiden wir uns so gerne – ob bewusst oder unbewusst? Man könnte behaupten, dass jede einzelne Situation, der wir begegnen, uns irgendetwas sagen will. Sie trägt in sich mehr oder weniger kodierte Botschaften, Hinweise. Sie ist uns ein Spiegel, in den wir schauen können, um uns selbst, die eigene Lage erkennen zu können. „Spieglein, Spieglein an der Wand, sag mir, wer ist die Schönste in diesem Land ..." ist ein Satz aus einem klassischen Märchen unserer Kindheit, der aber eigentlich so lauten sollte: „Spieglein, Spieglein an der Wand, sag mir, wer bin ich in Wirklichkeit ..." Und man schaut hin. Einmal mit aufgesetzter Rosabrille, dann mit einem Hexenkostüm, dann wiederum in der Verkleidung eines Gelehrten, eines Verbrechers oder eines hilflosen Opfers, sogar eines unschuldigen Kindes oder einer wunderschönen Jungfrau. Und der Spiegel reflektiert uns Tag und Nacht, was das Zeug hält. Es lässt uns nicht im Stich. Es folgt uns auf Schritt und Tritt. Jede Handbewegung, jeder Augenaufschlag spricht Bände – wir brauchen nur hinschauen. Wir sind nicht ausgeliefert. Wir sind nicht von allen guten Geistern verlassen. Wir haben eine Versicherung jenseits aller Maklerbüros. Wir haben eine Anleitung uns, unserer Sprache, angepasst, jenseits allen übersetzungstechnischen Hoppalas, jederzeit lesbar, jederzeit nachschlagbar – alles extra nur für uns. Äußerst individuell abgestimmt, immer griffbereit. Wir bräuchten nur die Augen öffnen, hinschauen und lesen, hinhören und verstehen, wahrnehmen und wahrhaben wollen.

WOLLEN ist hier das Kennwort!

W - O - L - L - E - N …

… der Wille ist die Voraussetzung, die Magie, die dem Spiegel das Gewünschte entlockt.

Was will ich sehen? Die Wahrheit oder die Täuschung?

Was wäre in heutiger Zeit eine Autofahrt ohne Spiegel? Ein gefährliches Unterfangen – ich glaube, da sind wir uns alle einig. Durch den begrenzten Raum, in dem man sich befindet, durch die starre Ausrichtung nach vorne – und die ist überlebenswichtig *(stellen sie sich vor, sie würden sich ständig bei hundertdreißig Ka-em-ha umdrehen und in alle Richtungen, nur nicht nach vorne schauen und dies würden nicht nur sie, sondern alle Autofahrer ohne Ausnahme tun – ein Tohuwabohu)*. Für den dichten Verkehr, die engen Straßen braucht man Hilfsmittel, die uns in jedem Augenblick den Überblick verschaffen. So können wir wissen, wie es um uns steht, wohin wir im nächsten Augenblick sicher weiterfahren können. Wäre es wirklich klug, sich aus Sicherheitsgründen ein teueres Auto anzuschaffen, das die besten Voraussetzungen in sich birgt, uns sicher durch die

Dschungel, Wüsten, verlassenen Berge und was weiß ich, was einen noch so erwartet, ans Ziel zu bringen? Wir setzen uns rein, schalten auf stur oder trotz und sagen uns, ab jetzt soll das Auto alles alleine machen! Wozu haben wir doch so teueres Geld bezahlt? Und … wir schauen nicht in den Spiegel. Wir benutzen plötzlich keine extra dazu bestellten Finessen des Fahrzeuges. Wir sitzen nur, sitzen und warten, was passiert. Oft machen wir die Augen zu, ducken uns und hoffen, es wird sich schon irgendwie ausgehen. Manche Experten fahren sogar aus der Garage lieber gar nicht raus. Täglich kommen sie die Anschaffung zu beäugen, setzen sich rein und stellen sich nur vor, wie sie fahren und planen in ihren Träumen eines Tages eine große Reise mit dem tollen Gefährt zu unternehmen.

Haben sie es schon einmal erlebt? – bewusst in einen Rückspiegel direkt Aug in Aug geschaut? Nicht so von der Seite, schief, schielend, mit Abstand … ja, ja – genau – was sieht man da so Schönes plötzlich – sich selbst, wie seltsam nicht? Man kann diesen Spiegel so richten, dass man in ihm entweder die anderen sieht und scheinbar erkennt oder sich selbst. Interessant oder? Nur, wer den Nebel vor den Augen hat, sieht zuerst auch nur Nebel. Wer eine Brille auf der Nase hat, sieht als erstes die Brille und nicht sich selbst, was auch das Ziel der Schau ist. Man schaut in den Spiegel und hat die Möglichkeit, die eigene Verkleidung, die eigene Fassade zu erkennen. Man könnte sich sagen: „Klar, dass ich mich nicht sehen, nicht erkennen kann, wie denn auch? Ich habe ja eine dunkle Brille und eine dicke Mütze auf. Kein Wunder, dass ich nichts oder nur verschwommen sehe! Kein Wunder, dass ich nichts oder nur von weit weg höre! Gottseidank bin ich nicht blind und taub, dass ist nur die Brille, die alles vor mir versteckt und die dicke Wolle über meinen beiden Ohren, die mich betäubt. Ist das nicht wunderbar! Ich brauche nur die Brille und die Mütze ablegen und mich wieder an das Licht gewöhnen und dann schauen, wer hinter dem Ganzen steckt. Na wer wohl, doch ich, wer sonst?! …“

„Spieglein, Spieglein an der Wand, bin ich schon bereit mich hinter allem ohne Verkleidung, so wie ich bin, zu erkennen?“

Die Bühne

Wie viele Male passiert es uns, dass wir Situationen, Geschehnissen begegnen, die uns voll verrückt, wie irrsinnig vorkommen. Man denkt, man träumt nur und hofft, bald aufwachen zu können. Man versucht sich die Augen zu reiben, sich zu zwicken und innerlich oder auch laut meldet sich:

„Das kann doch nicht wahr sein!“

und … ich behaupte – Sie haben Recht! Es ist nicht wahr. Auf einer Ebene könnte man alles, was uns hier physisch, irdisch begegnet, mit einer Art Show vergleichen und wenn sie eines Tages ausrufen – das kann doch nicht wahr sein! – haben sie es vielleicht gerade geschafft, für einen kurzen Moment einen Backstageblick zu erhaschen.

Wir sind in solch einem Zustand nicht der Zuschauer, der in der ersten Reihe sitzt, den die Vorstellung gänzlich in seinen Bann gezogen hat, dass er rund um sich alles vergessen hat und sich plötzlich mitten in einer dargestellten Illusion befindet. Nein! Wir sind jemand, der plötzlich aus der herbeigeführten (von wem auch immer) Trance erwacht ist, erstaunt den Kopf schüttelt und merkt, dass er die ganze Zeit nur ein Zuschauer war, den die Faszination des Spieles vollkommen mitgerissen hat, dass man sogar sich selbst vergessen hat.

Fast eine Vorstellung lang lebten wir mit den Schauspielern ihr Stück mit, tauchten in die inszenierte Welt hinein und konnten den Alltag und das Eigene für diese Zeit ausblenden, vergessen, eine Erleichterung, eine Entspannung in der Imagination abseits der eigenen Sorgen finden. Je nachdem wie gut das Stück war, wie es einen mitgerissen hat, könnten wir jegliches Zeit-, sogar Körper- und Ichgefühl, verlieren. Umso schwerer und langsamer erwachen manche, kehren so manche nach der Vorstellung in die eigene Welt zurück. Am liebsten würden sie noch da sitzen bleiben. Die Darsteller sollen am besten weiter so tun als ob, die Zuschauer sollten noch immer unterhalten werden, nur um nicht auftauchen zu müssen. Wie nach einem wunderbaren Traum, wo man sich schon des Aufwachens bewusst ist, sich an der Schwelle zum Tag und dem Tagesbewusstsein befindet, aber am liebsten noch ein Weilchen in der Traumwelt bleiben und genießen würde. Man schließt wieder die Augen, versucht erneut in die Tiefe zu gehen, aber es geht nicht mehr. Das Bewusstsein hat das Erlebte bereits als einen Traum enttarnt und es ist nicht mehr möglich, sich bewusst das unbewusste Traumdasein vorzutäuschen. Der Alltag rückt immer näher und der Traum verblasst. Schade, denkt man sich, wenn es ein schöner Traum war, man dankt Gott, wenn die Nacht gespenstisch verlaufen ist.

Als Zuschauer hat man es leicht. Das Ende des Ausfluges in eine andere Welt ist vorausschaubar. Mit dem Ende der Vorstellung wird man automatisch geweckt oder die Putzkolonne schickt einen spätestens wieder nach Hause. Man kann sich seines Erwachens sicher sein. Umso freiwilliger und sorgloser taucht man wahrscheinlich in diese fremde Welt ein.

Aber wie gestaltet sich das Ganze, wenn man sich selbst nicht in der Rolle des Zuschauers, sondern des Schauspielers befindet?

Wenn man ein Schauspieler ist, der wirklich gut ist … der das Talent hat, sich in die Rolle vollkommen hineinzuversetzen, für die Dauer des Stücks alles um sich herum zu vergessen, sich von sich selbst spätestens in der Garderobe zu verabschieden und mit dem Anlegen des Kostüms und der Schminke zu jemandem anderen glaubhaft zu mutieren … So glaubwürdig, dass dieser beim Blick in den Spiegel nicht mehr sich selbst, sondern seine Rollenidentität sieht … Auf der Bühne geht er in der Rolle völlig auf. Man kann es ihm kaum glauben, dass er es nur spielt. Nein, er lebt es! Man denkt, er ist es selbst. Als Zuschauer vergisst man, dass hinter der Maske ein Schauspieler, ein anderer Mensch steckt, der nur so tut als ob. Nein, man könnte glauben, er ist so, er spielt sich selbst.

Die Bretter, welche die Welt bedeuten …

> *Auf einmal gibt es nur eins … die Bühne. Man weiß nicht mehr wann der Vorhang hochgegangen ist, man weiß nicht wann er runter geht. Man weiß gar nicht mehr, dass es da einen Vorhang gab. Man sieht die Bretter nicht, man*

sieht nur die Welt. Es gibt keine Zuschauer, es gibt keine Schauspielkollegen … Es ist jetzt und man lebt. Man lebt mitten in einer Rolle. Man ist in ein Kostüm geschlüpft und begegnet den im Drehbuch festgehaltenen Ereignissen. Man erleidet Schicksalsschläge. Man trauert, lacht. Es schmerzt, man weiß sich keinen Rat. Man wird von allen verlassen, steht alleine da – auf den Brettern, niemand kümmert sich um einen – das Leiden kann man der ganzen Körperhaltung, von den Augen, dem gesamten Wesen ablesen. Man fällt auf die Knie, schüttet sich die Asche auf den Kopf, reißt die Haare aus, wendet die Augen zum Himmel, fleht Gott an, ihm zu helfen. Aber die Himmelskulisse antwortet nicht. Verzweifelt sucht man nach helfender Hand, aber die ist im Drehbuch nicht vorgesehen. Das Publikum tobt vor Begeisterung. Der Schauspieler hat eine glänzende Leistung vollbracht! Der Vorhang geht runter, die Zuschauer bleiben mit Standing Ovations stehen, niemand bewegt sich. Der Vorhang geht hoch – der Schauspieler steht nicht lächelnd vor dem Publikum und verbeugt sich nicht dankend für die Anerkennung, nein! Er kniet noch immer in seiner letzten Pose, in seiner Verzweiflung, mit verzerrtem Gesicht. Mit leerem Blick starrt er ins Publikum, aber sieht es nicht. Das Applaudieren hat kein Ende – der Schauspieler ist wirklich grandios! Der Vorhang geht zum letzten Mal auf und runter, die Menschen beginnen das Theater zu verlassen. Niemand weiß, dass auf der Bühne der Schauspieler auch ohne sein Publikum noch immer kniet und leidet. Er ist verlassen, aufgegeben, hilflos, weiß nicht wie es weitergehen soll – das Drehbuch ist hier doch zu Ende. Bis hierher hat er es tausend Mal geübt, bis hierher hat er das Geschehen im Blut, aber was jetzt? Die Bühne ist leer, die Kollegen sind nach Hause gegangen, überall ist Dunkel, das Licht wurde ausgeschaltet. Irgendwo findet er noch Kraft, steht doch noch auf und tapselt sich durch das Theater hindurch, bis er schließlich auf der Straße landet. Im Kostüm, in der Schminke. Niemand erkennt ihn. Er sieht sich im Schaufenster, und er sieht sich nicht. Er ist noch immer in der Rolle, aber er weiß es nicht. Er identifiziert sich mit der Verkleidung und mit dem Stück, aber plötzlich gibt es Ungeübtes, Unvorhergesehenes. Die Welt um ihn herum weiß nicht, dass er nur spielt, er selbst doch auch nicht. Jeder begegnet ihm in seiner Rolle, nicht in seinem Ich. Er schaut wie ein armer Bettler aus, in zerrissener Kleidung, durch die Asche verschmutzt – viele wenden sich von ihm ab, einige werfen ihm bemitleidende Blicke zu, andere beschimpfen ihn, rufen ihm Beleidigendes nach. Oder trägt er möglicherweise eine Verbrechervisage? Die Leute flüchten, verstecken sich vor ihm, haben Angst – und er versteht es nicht. Er geht auf sie zu, versucht zu lächeln, bemüht sich Kontakt zu knüpfen, ein paar nette Worte zu sagen und … vielen kann er Angst von den Augen ablesen. Einige attackieren ihn, werden aggressiv. Er versteht es nicht. Er wollte doch nur … Er wollte ein paar nette Worte sagen, nach dem Weg fragen … und dann auf einmal sieht er sich im Schaufenster. Eine furchterregende Gestalt!

Ein in der Wut verzerrtes Gesicht, ein bedrohlich wirkendes Wesen glotzt ihm aus der Auslage entgegen. Das kann doch nicht wahr sein! Wie ist denn das passiert?! Das bin ich?! Das soll ich sein!? … Hilferuf … flüchtige Gedanken … ein Augenblick der Wahrheit? Sich endlich selbst erkennen …? Endlich sehen, wer man tatsächlich ist? Der Spiegel … sagt er die Wahrheit?

Was sagt der Spiegel? Ja, du bist furchterregend … die Menschen haben Recht, wenn sie sich vor dir fürchten. Siehst du es, du fürchtest dich doch selbst vor dir. Nicht die Menschen, denen du begegnet bist, waren böse, nein, siehst du – du bist es selbst – der Spiegel lügt doch nicht …

oder …

soll man lieber auf das Gefühl hören. Was sagt es?

„Das kann doch nicht wahr sein! Das bin doch nicht ich! Das kann nicht ich sein! Ich bin das nicht!"

Wer hat jetzt Recht? Der Spiegel? Das Offensichtliche? Das nicht zu Leugnende? Das, was alle sehen und bestätigen oder das leise, das unsichere, das schüchterne Gefühl in einem – das bin doch nicht ich?

Auf was hören, nach was sich ausrichten? Nach dem Spiegel oder dem Gefühl? Kopf oder Herz? Wo ist die Wahrheit?

Ein junger Mann geht die Straße entlang. Der Tag ist wunderschön, er nutzt ihn. Er schlendert so herum, lässt den Gedanken freien Lauf, schaut, was ihm begegnet, sucht nach Inspiration, wartet oder lässt Ideen auf ihn zukommen. Trotz des Lärms und der vielen Ablenkungen der Straße ist er bei sich. Unbeirrt schreitet er seinen Weg durch die Stadt voran. Und da begegnet ihm etwas. Er taucht auf aus seinen Gedanken. Es wird lebendig. Ein Déjà-vu stellt sich ein. Er ist fasziniert und kann es gleichzeitig nicht glauben. Die Welt und das Leben sind wirklich verrückt – was für Bilder und Momente sie bieten! Alles ist hier möglich – denkt er sich, während er verblüfft und verdutzt einem Mann zuschaut, der vor einem Schaufenster kniet, verzweifelt und verängstigt um sich herum schaut. Die ganze Szene wirkt tragikomisch. Komisch, weil die Maske, welche dieser Mensch anhat, furchterregend sein soll, und weil der Mensch hinter dieser Maske sich selbst fürchtet. Tragisch, weil dem Jungen bewusst wird, dass die Furcht die echten Gefühle sind, dass dies keine Inszenierung ist. Und im nächsten Moment erkennt er! Es kommt ihm alles bekannt vor! Plötzlich weiß er es! … Vor Wochen hat er diese Szene schon einmal gesehen! Das Stadttheater hat ein Stück aufgeführt, das er sich angeschaut hat. Beeindruckt von den Schauspielerkollegen ging er mit der Hoffnung nach Hause, einmal auch so einmalig spielen zu können. Und jetzt das! Er weiß nicht von wo, aber er weiß es. Er weiß nicht wieso, aber er tut es. Irgendeine Kraft treibt ihn an, auf diesen unglücklichen Mann zuzugehen. Er denkt nicht nach. Er schreitet und er versteht. Er lässt sich von der Maske, von dem Kostüm nicht täuschen. Er selbst als Schauspieler von Beruf weiß, wie schwer es ist, sich von einer Rolle, die man länger gespielt hat, die man gelebt hat, zu lösen. Dass es aber so weit gehen kann, wusste er nicht …

Er reicht dem Kollegen die Hand, hilft ihm aufzustehen. Der schreckt sich, zieht sich zurück, wendet sich ab. Er weiß doch, dass sich die Menschen vor ihm fürchten. Er will doch nicht noch einen erschrecken. Der Junge lässt sich nicht täuschen. Er legt beruhigend die Hand auf seine Schulter, dreht seinen Kopf zu sich, schaut ihm in die Augen und beginnt die Schminke abzuwischen. Er hilft ihm aus dem Mantel raus, der zu den Requisiten des Stadttheaters gehört und … dreht ihn wieder zum Schaufenster um. Verblüfft schaut der Schauspieler das eigene Bild an und ruft laut: „Das kann doch nicht wahr sein!“ und eine Stimme in ihm antwortet: „O doch, das ist wahr.“ Der Spiegel lügt doch nicht. Er ist es! Ja, jetzt erkennt er sich wieder. Jetzt weiß er! Jetzt erinnert er sich. Die Lebendigkeit in seinen Augen fehlt noch, die Strapazen der letzten Tage sind ihm anzusehen, aber er ist es wieder! Dankend schaut er zum jungen Mann, der lächelt nur ein wenig verlegen und zuckt mit den Schultern. Er kann seine Frage, wie das nur passieren konnte, auch nicht beantworten. Es ist halt passiert. „Berufsrisiko …“ sind seine letzten Worte, während er schon weiter seinen

Weg schreitet und dem gerade Erlebten in seiner eigenen Welt nachgeht. „Faszinierend" denkt er sich und hofft, dass er ein guter Schauspieler sein kann, während er auf der Bühne ist und dann wieder jedes Mal zu sich kehren kann, nachdem der Vorhang runtergefahren wurde.

Nachdenklich schaut sich der junge Mann um. Viele Menschen, viele Gesichter treiben sich auf der Straße herum. Arme, Reiche, Opfer und Täter, Mütter und Väter. In manchen ist Freude und Abenteuerlust zu lesen, in vielen Trauer, Hoffnungslosigkeit, Leere, Verzweiflung. Er versucht zu sehen, wie viele davon sind Masken, Kostüme, wie viele davon sind Kollegen, die das wahre Leben mit der Bühne verwechselt, die vergessen haben. Er sieht Scharen von Königen, Präsidenten, Politikern, Managern, Geschäftsmännern, Direktoren und anderen „Wichtigen", sowie Kindern, Schülern, Arbeitern und sonstigen „Normalos", aber auch die „Privilegierten", Reichen und Schönen, Berühmten, Bekannten und Anerkannten und die „Erbärmlichen", Ärmlichen, Schwachen, Nichtshabenden, Nichtstaugenden, Verletzlichen, Verletzenden, Hilflosen und Hilferufenden, wie auch die Mächtigen und Kräftigen, angsteinflössenden Herkulese und Terminators. Viele Hamlets, Romeos und Julias, Möchtegerngoliaths, kunterbunt durch all die Drehbücher und Skripten dieser Welt. Und schließlich geht er wieder an einem Schaufenster vorbei. Er bleibt stehen und schaut sich an. Was sieht er? Ist er das? Was, wenn er auch einer von ihnen ist? Was, wenn er auch sein Kostüm nicht ausgezogen hat? Er schaut und schaut, kurz ist diese Verunsicherung, dieser Zweifel da. Er schaut einmal weg, reibt sich die Augen und dann schaut er noch einmal in den Spiegel. Nein, er lässt sich doch nicht verrückt machen von diesem Bild. Er ist er, egal was das Bild sagt, egal was für eine Schminke, Maskerade er anhat. Er müsste es doch wissen, wer sonst? Sein Gefühl kann ihn doch nicht täuschen. Er schaut, spürt lieber in sich hinein und er sieht sich. Ich bin ich – sagt er sich und befreit, erleichtert schreitet er in den Tag weiter. Alles ist möglich!

Trotz so eines lebendigen Bildes will ich nicht vergessen, dass ich über die Gesundung schreibe. Also wie soll dieses Bild zu verstehen helfen, was uns krank macht und was uns heilt?

Die Identifizierung mit der Rolle, in ihr vorhandener inszenierter Qual, das Persönlichnehmen der nach Drehbuch gespielten Missgeschicke, Tollpatschigkeit, Unbeholfenheit, Kleinheit, Niedergeschlagenheit und damit verbunden das Rückschlüsseziehen, wer man ist, trägt nicht besonders zu eigenem Seelenfrieden, Entspannung und Freude bei. Der Geist quält sich, versteht nichts, ist verwirrt, rattert ohne Ende, sucht nach Erklärungen, Auswegen. Man zieht sich zurück, versteckt sich, will von sich selbst und der Welt nichts mehr wissen. Der größte Irrtum und die Angst auf dem Wege zu sich selbst. Der Glaube an ein böses Erwachen, des Erkennens des eigenen nichtsnutzigen, kleinen, mickrigen oder bösen Ich. Einem Ich zum Auslachen oder zum Weinen. Einem Ich, von dem sich alle abwenden, das alle auf den Mond schießen wollen. Oder einem Ich von einem anderen Planeten kommend, kein zu Hause habend und hier nichts zu suchen sollend … was, wenn dies alles hinter der Maske steckt? Was für einen Grund hätte ich doch sonst gehabt mich zu maskieren, tarnen, hinter der Fassade unterzutauchen und mir selbst und den anderen etwas vorzuspielen? Wer bin ich denn? Wenn ich nicht der bin, der ich bin? Bin ich dann noch ich? Wie fühle ich mich dann, wie denke ich, was tue ich? Kann ich noch ich sein?

Kopfschmerzen, Fieber, Schwere, Trägheit, Gelähmtheit, Depression …

Nur Ruhe haben, in Ruhe gelassen werden …

Nichts hören, nichts wissen wollen …

Alles tut weh, drückt, zwickt, brennt. Das fast zu eigenem Leib gewordene Kostüm beginnt zu bröckeln, sich zu lösen – Angst, Unbekanntes, Unsicherheit, Verwirrung, Schmerz, Hoffnung?

Das kann doch nicht wahr sein! – ist der Satz der Befreiung. Alles nur ein Spiel! Nicht wirklich wahr.

Es zwickt, drückt und schneidet ein, weil es ein Kostüm ist, das zu eng geworden ist. Es fühlt sich unsicher, weil das Drehbuch zu Ende ist. Keine Fortsetzung mehr, nichts was man proben und üben könnte. Immer mehr fällt man aus der Rolle raus, immer mehr erwacht man bei sich. Man schaut sich um und denkt: „Das kann doch nicht wahr sein, wo war ich die ganze Zeit?“ Schaut sich um, sieht die Bühne, die Bretter, welche die Welt bedeuten sollen, die Kulissen, all die Kollegen, die noch nicht sehen, aber auch die, welche schon auf einen warten und applaudieren. Grandiose Vorstellung und noch grandioserer Ausstieg, Erwachen. Es zwickt und drückt, schmerzt und brennt – so ungeschützt die eigene Haut der Welt zu zeigen ist ungewohnt. Sich zu trauen ohne Maske auf die Straße zu gehen ist nicht leicht, ein neues Gleichgewicht muss man zuerst erlangen. Man lernt wie ein kleines Kind aufs Neue die ersten Schritte zu gehen. Es dauert jedem seine Zeit, bis sich die Stabilität und das Wohlgefühl wieder einstellen. Viele geglaubte Traumata und Schicksalsschläge, Wunden und Verletzungen müssen wie eine Illusion erkannt und abgelegt werden. Die Heilung schreitet mit großen Schritten voran. Man erkennt, man war nicht wirklich weg. Man war immer da. Das Ich war immer ich. Auch wenn nur in einer Rolle, in einer Verkleidung. Hätte es jemand anderer gespielt, hätte das Stück, die Rolle, eine gänzlich andere Note, gänzlich andere Ausstrahlung gehabt. Auch wenn man sich selbst getäuscht hat, auch wenn man glaubte nicht ich zu sein, immer und überall, zu jeder Zeit, hinter jeder Camouflage war es das eigene Ich, das wahrnahm und erlebte, sich tarnte oder täuschte. Ich bin ich – das ist die Heilung, das ist die Entspannung, das kann der Anfang des Friedens mit sich selbst und in sich sein. Nichts anderes mehr werden zu wollen oder zu müssen. Nur sein. Man ist doch immer ich, ob im Werden oder im Sein, ob bewusst oder im Unbewusstsein.

Kann das alles wahr sein?

Ich bin ich – das ist doch logisch oder?

Aktuelle Informationen zu Seminaren, Workshops und anderen Veranstaltungen der BewusstseinsAkademie®, sowie zu weiteren Büchern, die im Verlag der BewusstseinsAkademie® erschienen sind, finden Sie unter:

www.BewusstseinsAkademie.com

Aktuelle Artikel der Autorin Kristina Hazler sowie Informationen zu Ihrer Beratungs-, Coaching-, Training- und Therapietätigkeit u.a. auch zum Thema Hochsensibilität, Genialität, Aspektologie ... und ganzheitlichen physischen, psychischen und energetischen Konditionsaufbau finden Sie unter:

www.KristinaHazler.com

Bücher der Autorin, aktuelle Textartikel und Ausbildungseinheiten zum Download, finden Sie in unserem online-Shop wo Sie auch Seminare und Beratung direkt buchen können:

www.BewusstseinsWelten.com

Erwachen im MenschSein

„Das Experiment“

ISBN: 978-3-903014-03-9

„Das Experiment – Erwachen im MenschSein“ ist ein aufregender, intensiver und geistig stark fordernder Roman zur Selbsterkenntnis und Selbstfindung mit intuitiven Heilungselementen und hervorgehobenen Essenzen. Die durch eine Vielzahl von Spannungselementen, plastischen Darstellungen und überraschenden Wendungen geprägte Geschichte eignet sich für den Leser hervorragend als Begleit- und Hilfsmittel zum eigenen Unbewussten und Erkennen des eigenen Ich.

BewusstseinsCoaching 1

„Das menschliche Paradoxon"

ISBN: 978-3-903014-04-6

Die als Bewusstseinscoach erfolgreiche Autorin beschreibt im Teil 1 der mitreißenden CoachingDialogen sehr persönlich und anschaulich die Möglichkeiten einer bewussteren Erfahrung unseres Selbst und unseres eigenen Lebens. Sie nimmt in ihren Geschichten den Leser mit auf eine packende Reise zum Verstehen und Erkennen des eigenen Ich. Durch eine ganz andere Betrachtungsweise und aus einem völlig veränderten Blickwinkel heraus leistet Kristina Hazler Hilfestellung, die Probleme etwas anders zu betrachten und zu erleben.

BewusstseinsCoaching 2

„Die verkehrte Logik“

ISBN: 978-3-903014-06-0

Dieses Buch ist der 2. Teil der aufbauenden Bewusstseins-Coaching-Reihe und spricht verschiedene „Virusprogramme“ unseres menschlichen Systems an, die wir in unserem Alltag unbewusst als „verkehrte Logik“ ausleben und aus ihr heraus eine Art verkehrter Welt um uns herum aufbauen. Der Weg aus dem „Verkehrten“, also zurück zu eigener Essenz und dem Natürlichen ist möglich, durch das Erkennen verdrehter Logik in unserem Leben und die Besinnung auf die natürliche, natürlich-logische Welt, die von der verkehrten nur überlagert wird.

BewusstseinsCoaching 3

„Die Kunst der bewussten Wahrnehmung“

ISBN: 978-3-903014-01-5

Dieses Buch ist der 3. Teil der aufbauenden Bewusstseins-Coaching-Reihe und beleuchtet die „Kunst der bewussten Wahrnehmung“, wie auch die vielen „Warum“-Fragen, die in unserem Leben auftauchen. Nach der verkehrten Logik aus dem Band 2 führt dieser Band wieder einige neue Begriffe, wie zum Beispiel den Wissenstransfer, ein und stellt die Technik der Kontrastmittel und der bewussten Wahrnehmung als weitere BewusstseinsInstrumente vor, während er uns nach und nach in einen Zustand begleitet, in dem wir fähig sind, unser eigenes „höheres“ Wissen ins Menschliche zu bringen, zu transportieren.

BewusstseinsCoaching 4

„Grenzgänger I“

ISBN: 978-3-903014-02-2

Wir leben in der Zeit der geistigen und seelischen Herausforderung. Wir überschreiten täglich unsere persönlichen (Schatten)Grenzen, die uns durch Erziehung und Ausbildung in die Wiege gelegt worden sind. Und doch sollen wir uns immer wieder ein Stück aus dem Geschehen herausnehmen, um kein gejagter und getriebener Grenzgänger zu sein und einen Augenblick in der Liebe zu all den Grenzen, die wir bereits passiert haben, zu verweilen, um uns selbst, dank ihnen, in einem Spiegel der erfolgreich gemeisterten Herausforderungen zu sehen und anzunehmen.

BewusstseinsCoaching 5

„Grenzgänge II“

ISBN: 978-3-903014-05-3

Dieses Buch ist der zweite Teil von „Grenzgänge“, das als Teil 1 im Band 4 von BewusstseinsCoaching erschienen ist. Die „Grenzgänge“ beleuchten verschiedene Arten von Blockaden, die uns unbewusst in Form von inneren Grenzen, energetischen Stauseen und Dämmen, die uns in einer Art künstlicher Welt einsperren, unseren Horizont verengen und das berühmte Hamsterrad am Laufen halten. Und was wenn die Grenzen fallen und die Dämme brechen und die Energie, das Bewusstsein, sich wieder zu bewegen beginnen? Worauf sollten wir achten um optimal auf „Neues“ vorbereitet zu sein?

7406341R00086

Printed in Germany
by Amazon Distribution
GmbH, Leipzig